Werner Antpöhler

Unterm Keltenkreuz

Auf Pilgerpfaden
in Irland und Schottland

1 2 3 4 5 6 7 8 09 08 07 06 05 04 03 02 01 00 99 98

Für die deutsche Ausgabe
© Neue Erde Verlag GmbH, 1998.
Alle Rechte vorbehalten.

Titelseite:
Aquarell: Regine Bartsch, Irland
© Lotti Antpöhler
Gestaltung: Dragon Design, GB

Satz und Gestaltung: Dragon Design, GB
Gesetzt aus der Minion
Fotos: Werner Antpöhler
Skizzen und Zeichnungen: © Lotti Antpöhler
Gesamtherstellung:
Fuldaer Verlagsanstalt GmbH, Fulda

Printed in Germany

ISBN 3-89060-023-9

NEUE ERDE Verlag GmbH
Rotenbergstr. 33 · D-66111 Saarbrücken
Deutschland · Planet Erde

Inhaltsangabe

Was dieses Buch uns sagen will …	7
Newgrange: Sonnenkreis und Erdenkreuz	10
Callanish Wo Himmel und Erde, wo Kreis und Kreuz sich begegnen	34
Exkurs daheim (1)	56
Whithorn: Wiege britischer Christenheit	61
Carndonagh, Fahan, Drumcliff: Irlands Ende der Welt	82
Exkurs daheim (2)	99
Clonmacnois: Irlands Mitte	104
Ahenny: Keltenkreuze zwischen Wiesen und Weiden	126
Iona: Christliche Kelten, keltische Christen	148
Treffpunkt Keltenkreuz (Schlußbetrachtungen)	186
Liste der Fotos	207

Was dieses Buch uns sagen will ...

Das Kreuz ist ein Symbol.
Ein christliches Symbol? Nicht nur ein christliches. Lange bevor sich Gefolgschaft um Jesus den Nazarener scharten, gab es das Kreuz: In Persien, in Indien, in Ägypten, bei den Indianern und im alten Europa. Fast immer allerdings tritt in diesen alten Kulturen, anders als im Christentum, das Kreuz zusammen mit dem Kreis vor uns hin. Kreis und Kreuz sind *ein* Symbol, Symbol für das Leben. Diese Bedeutung hat es im Hinduismus, im Buddhismus, im Islam und im keltischen Christentum noch heute.

Keltisches Christentum, was ist das?
Gibt es das heute noch?
Den Kelten im Nordwesten Europas wurde die christliche Botschaft von Mönchen aus den syrischen und ägyptischen Wüsten zugetragen; sie erhielten die neue Lehre aus Palästina somit aus erster Hand, direkt von der Quelle des Ur-Christentums. Hier, am nordwestlichen Rand Europas, in Irland und auf den schottischen Inseln, konnten die Kelten sich aus den rechthaberischen und zermürbenden Disputen der römischen Kirchenfürsten heraushalten und unbehelligt von deren dogmatischen Vorschriften an überlieferte »**heidnische**« Weisheiten anknüpfen. Ihnen war Christus nicht nur der schmachvoll Gekreuzigte; mehr als das war er den Kelten die Gottheit der Mitte, ihr »**König der Elemente**« – *Righ nan Dul,* der triumphierende Gebieter des allumfassenden Kosmos.

    Das Alte mußte nicht gehen, als die neue Lehre kam. Beide Weisheitsströmungen, heidnische und christliche, verschmolzen zu dem, was wir von da an als keltisches Christentum kennen.

Später wurde das keltische Christentum von der römischen Kirche als ketzerisch verdrängt. Überlebt hat es dennoch – zum Beispiel in den so beliebten Segenswünschen; vor allem aber in seinem Symbol, im **Keltenkreuz.**

Das vorliegende Buch hat nicht nur etwas zu sagen; es will vielmehr dazu verleiten, auf Reisen zu gehen. Denn das Keltenkreuz steht für gewöhnlich nicht im Museum. Draußen in freier Natur hat es seinen Platz. Dort, wo es vor mehr als eintausend Jahren hingestellt wurde: Zwischen Wiesen und Weiden, an den Ufern von Flüssen oder auch hoch über Klippen und Meer. Hier will es aufgesucht und erlebt, nicht im Vorbeigehen lediglich besichtigt werden.

Schon in seiner Gestalt ist das Keltenkreuz ein Symbol. Wer dieses Symbol in seiner Sprache hinter Raum und Zeit verstehen will, muß sich gedanklich in den Kreis hineinbegeben, um von innen heraus Zugang zum Kreuz zu finden. Für uns überwiegend intellektuell geprägten Menschen von heute ist das ein ungewohnter Weg. Aber er kann gegangen werden. Erleichtert wird die Wegfindung, wenn wir uns schon vor der Begegnung mit dem Keltenkreuz auf die Welt der Symbolik einstimmen. Die Zeichnungen in diesem Buch können dabei eine Hilfe sein; denn bewußt heben sie die Symbolaussagen der Keltenkreuze hervor, während sie die vertrauten und damit spontan erkennbaren biblischen Bilderszenen in den Hintergrund treten lassen.

Wir wollen uns dem Keltenkreuz ohne Reisehektik nähern – wir wollen »**pilgern**«. Pilgern muß nicht unbedingt wandern heißen. Auch mit dem Auto oder mit dem Reisebus können wir in angemessener Weise den Weg zum Keltenkreuz finden. Pilgern als allmähliche und behutsame Annäherung verstanden befähigt uns, dem Keltenkreuz Botschaften abzulauschen, die uns über Generationen hinweg fast ausschließlich aus »fremden« Philosophien wie Zen, Kabbala, I Ging oder Tao Te King vertraut sind.

Vorwort

Wer pilgern will, sollte den Pfad kennen. Oder einen kundigen Gefährten. Das Buch »Unterm Keltenkreuz« *ist* ein kundiger Reisegefährte. Es erschließt nicht nur die schönsten Regionen von Irland und Schottland; es zeigt gleichzeitig auf, daß die hinter Kreis und Kreuz verschlüsselten Weisheiten überall in den großen Kulturen unserer Erde die gleichen sind – auch bei uns daheim in Europa. Manchmal brauchen wir unserem *geistigen* Auge nur ein kleines Fenster aufzustoßen, und vor uns liegt eine nie zuvor gesehene Welt von wundersam ineinander verwobenen Bildern, an denen Propheten, Philosophen und Dichter vieler Kulturen gewirkt und gewebt haben.

Das Keltenkreuz ein interplanetarisches ökumenisches Symbol also? Warum nicht!

In Irland und Schottland gibt es einige hundert Keltenkreuze. Nicht alle können aufgesucht werden. Der Autor des vorliegenden Buches schenkt den Exponaten seine bevorzugte Aufmerksamkeit, die besonders deutlich den Entwicklungsweg markieren, den Kreis *und* Kreuz durch eine vieltausendjährige Geschichte unseres guten alten Europa gegangen sind.

Machen wir uns auf den Weg!
Der Weg kann, muß aber nicht eine wirkliche Reise sein; auch das Lesevergnügen daheim kann ein echtes Reiseabenteuer werden.

So oder so:
        Es wartet auf die Leser das Keltenkreuz.

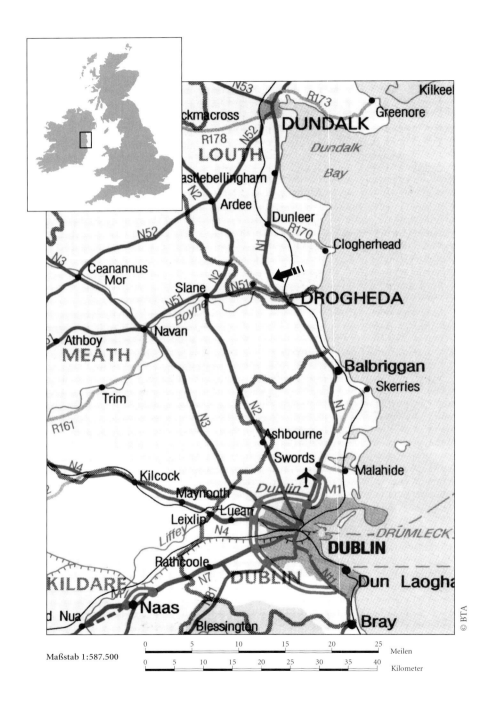

Newgrange:
Sonnenkreis und Erdenkreuz

Ich hatte eine Reisegruppe, die ich eine Woche lang durch Irland begleitet hatte, im Fährhafen von Dun Laoghaire verabschiedet. Ich blieb in Dublin. Schon lange hatte ich mir vorgenommen, einmal in Ruhe die Dubliner *Bookshops* zu durchstöbern. Aber der eigentliche Grund für mein Bleiben war Newgrange. Oft schon hatte ich Reiseleiter-Kolleginnen von diesem steinzeitlichen Monument erzählen hören, in Büchern hatte ich gelegentlich auch über Newgrange gelesen und Fotos gesehen. Doch das war alles. Und nun hatte ich für übermorgen einen ganzen Tag für Newgrange eingeplant – ich war gespannt.

Der nächste Morgen: Für Bookshops war es noch zu früh, also schlenderte ich durch holprige Gassen hinunter an die Liffey. Wie in jeder Metropole herrschte auch in Dublin jetzt gegen 9 Uhr ein wirres Treiben. Plötzlich löste sich aus dem Menschenknäuel ein alter Mann und hakte sich bei mir ein. Kannten wir uns? Nein, der Mann war mir fremd. Aber er gab sich in keiner Weise fremd, schimpfte lauthals über die zu hohen Bordsteinkanten und schaute mich dabei an, als hätten wir diesen Mißstand schon seit Jahren gemeinsam gerügt. »Gut, daß Du mir über den Weg gelaufen bist«, sagte er, ohne dabei den ärgerlichen Tonfall zu wechseln, »irgendwen finde ich immer, der mir hilft.« Dann löste er sich von meinem Arm, wir hatten die Fußgängerampel erreicht, der alte Mann verlor sich im Getümmel der Passanten. Doch plötzlich drehte er sich um und kam noch einmal auf mich zu: »Ich habe vergessen, Dich zu segnen.« Und dann zeichnete der fremde Alte mir das Kreuz auf Stirn, Mund und Brust. »Nun wirst Du einen guten Tag haben.« Ich stand wie angewurzelt: Noch nie hatte ich in einem solchen Umfeld und auf diese Weise einen Segen empfangen!

Inzwischen hatten die bekannten Bookshops an der Nassau Street und in der Dawson Street geöffnet. Einen Laden nach dem anderen klapperte ich ab, ich hatte ja Zeit. Was ich suchte, war klar: Bücher über Newgrange. Und dann machte ich eine schöne Erfahrung: Eine Verkäuferin im *Hodges Figgis Bookshop* bemerkte, daß ich zwar interessiert, jedoch unschlüssig war. Kurzerhand schichtete sie mir verschiedene Titel auf einen Stapel, trug den wackeligen Stapel vor mir her eine Treppe hinauf zu einem Salon, setzte ihn auf einem Tisch ab und drückte mich in einen tiefen Sessel: »Schauen Sie sich alles in Ruhe an. Wenn Sie sich entschieden haben, kommen Sie zu mir runter an die Kasse.«

Ich fühlte mich pudelwohl. Als mir dann vom Buffet am Eingang des Raumes auch noch der Duft von Kaffee und Tee in die Nase stieg, wußte ich, daß die Welt es gut mit mir meinte. Die Worte des fremden Alten hatten sich schon eine Stunde nach der denkwürdigen Begegnung bestätigt: »Nun wirst Du einen guten Tag haben.« Und ich *hatte* einen guten Tag; in aller Ruhe konnte ich mich nun auf morgen, auf Newgrange, vorbereiten.

Ich breitete die soeben erstandenen Newgrange-Bücher vor mir aus, blätterte, las diagonal, verglich Fotos und Skizzen miteinander. Eine Fülle von Daten und Fakten hatten die Archäologen aufgearbeitet und in ihren Dokumentationen zusammengestellt. Viele Informationen waren »nur« aufschlußreich, andere fesselten mich geradezu. In jedem der Bücher waren zwei Themen vorgestellt, die meine ungeteilte Aufmerksamkeit hatten: Das eingemeißelte Spiralmotiv auf vielen Steinen außerhalb und innerhalb der großen Megalithanlage und die kreuzförmige Kammer im innersten Kern des Heiligtums.

Wer sich auf Bücher einläßt, dem werden nicht nur Antworten gegeben, ihm stellen sich auch Fragen: Warum haben unsere Ahnen aus der jüngeren Steinzeit Steine mit Symbolen »dekoriert«? Welche Botschaften mögen dahinter verschlüsselt liegen? Warum ist die innere Kammer kreuzförmig angelegt? Ist das Kreuz nicht ein christliches Symbol? Wie ist es dann möglich, daß schon rund dreitausend Jahre vor Christus der Grundriß der Kammer von Newgrange ein Kreuz ist?

Allein diese Fragen aufzuwerfen, war schon eine spannende Sache. Wie würden die Antworten lauten? In den Büchern, die vor mir lagen, wurden viele sachdienliche Informationen gegeben; aber Antworten auf *meine* Fragen konnte ich darin nicht finden. Und dann war da in den Büchern noch die Rede von dem Wunder der Wintersonnenwende – da soll jedes Jahr am 21. Dezember die aufgehende Sonne ihre ersten Strahlen durch eine schmale Öffnung in die Höhlenfinsternis von Newgrange hineinschicken und die kreuzförmige Kammer für wenige Minuten hell erleuchten. Ich verstehe zwar den Text dieser Aussagen, begreife auch die den Text ergänzenden Illustrationen, aber vorstellen kann ich mir das alles nicht. Es muß sich wohl wirklich um ein Wunder handeln! »Morgen – morgen wird sich alles finden; denn morgen bin ich vor Ort, bin ich in Newgrange.«

Auf dem Weg zurück ins Hotel überquerte ich die Grafton Street. Überall lebhaftes, aber nicht hektisches, Treiben – wie immer. Umringt von enthusiastischen Zuhörern stand mitten auf der Straße ein junger Mann und – rezitierte Gedichte. Jeder Passant durfte nach Belieben in seiner Erinnerungstruhe wühlen und ihm sein Wunschgedicht zurufen, und der junge Mann nahm innere und äußere Haltung an und trug das gewünschte Gedicht vor. Alles, was unter irischen Dichtern Rang und Namen hat, war mit bekannten Versen im Repertoire vertreten. Sprache, Gestik und Mimik des jungen Schauspielers lösten wahre Begeisterungsstürme aus.

Ich hörte eine Weile zu und ließ mich vom Wohlklang der Stimme forttragen. Dann rief auch ich ihm einen Titel zu: »Innisfree von William Butler Yeats, please!« Er stutzte, schien mich zunächst nicht zu verstehen. Doch dann ging ein energischer Ruck über sein Gesicht: »Ich will nun auf und gehen und gehn nach Innisfree … «. Mir waren diese Verse lieb geworden, hatten doch Jahre zuvor mein Freund Jim und ich in einem Ruderboot zur Insel Innisfree im Lough Gill übergesetzt und diese schönen Verse dort, wo sie entstanden sind, vor uns hingesagt.

Meine Gedanken wurden jäh abgerissen: »Du bist ein Schlitzohr«, schalt mich der Schauspieler, als er geendet hatte. Und etwas glättend fügte er hinzu: »Die meisten der gewünschten Gedichte leben von Sprach*farbe,* die Gedichte von William Butler Yeats werden in erster Linie von Rhythmus getragen, Du hast mich, nachdem ich die ganze Zeit *farbige* Gedichte rezitiert habe, ganz schön ins Schwitzen gebracht.« Das war sehr aufschlußreich, auch die anderen, die immer noch geduldig ausharrten, hörten interessiert zu. »Wenn Du magst, treffen wir uns später dort oben«, und dabei wies er hinauf zum Orientalischen Café von *Bewley's*. Eine Stunde später saßen Schauspieler und »Schlitzohr« bei einer Tasse Kaffee zusammen. »Ist William Butler Yeats Dein Favorit?« »Favorit möchte ich nicht unbedingt sagen, aber die spirituelle Tiefgründigkeit vieler seiner Gedichte spricht mich an.« Wir blieben bei unserem großen irischen Dichter. »Habt Ihr seine Gedichte in deutscher Übersetzung?« »Haben wir, aber die Übersetzungen sind mehr oder weniger holprig und stelzig, durch die Übersetzung vom Englischen ins Deutsche verlieren sie an Farbe und an Rhythmus.« Wir waren uns schnell einig, daß das Übersetzen von Lyrik ein sehr schwieriges und heikles Unterfangen ist. Und dann fanden wir auch ein Beispiel dafür, daß besonders der Rhythmus an Stil verliert: »Cast a cold eye on life on death, horseman pass by«, so heißt Yeats Epitaph auf seinem Grabstein auf dem Friedhof von Drumcliff. Und in deutscher Übersetzung? »Blick kalten Auges über Leben und Tod. Reiter, vorüber!« Der Schauspieler rezitierte die englische Fassung, das »Schlitzohr« die deutsche. Wie unterschiedlich tatsächlich der Rhythmus ist! Die englische Version hat mit »horseman« nur *ein* zweisilbiges Wort, die deutsche gleich sechs. Wäre nicht die Textaussage vertraut, dann hätten wir tatsächlich zwei völlig verschiedene Verse vor uns.

Geschäftige Einkaufsstraße, lyrische Gedichte, ein irischer Schauspieler und ein deutsches »Schlitzohr«, dampfender Kenia-Kaffee und Kopenhagener – solch schroffe Gegensätze lassen sich wohl nur in Dublin unter einen Hut bringen!

Es war später Nachmittag geworden. Der Tag war beschaulich verlaufen, dennoch war ich müde. An der Hotelbar blätterte ich in meinen neu gekauften Newgrange-Büchern. Text, Fotos, Skizzen, Zeichnungen, Daten, Abmessungen: Newgrange muß ja ein gewaltiges, ein einmaliges Monument sein! Ich hielt dem Barkeeper ein Großformatfoto des gerade aufgeschlagenen Buches hin:»Schon mal in Newgrange gewesen?« Ich hoffte, etwas über persönliche Eindrücke zu hören. Statt dessen:»Newgrange? Kenne ich nicht. Aber schon mal gehört; soll ein antikes Monument sein.« Ich packte die Bücher ein; morgen abend um diese Zeit würde ich wissen, was Newgrange wirklich ist.

Für heute Abend hatte ich mir vorgenommen, den *musical pub crawl* mitzumachen, wollte mit anderen Touristen musikalisch durch berühmte Dubliner *singing pubs* »kriechen« und *irish music* live erleben, vielleicht sogar mitsingen oder deutsche Lieder beitragen. Aber aus dem Vorsatz wurde nichts – heute nicht.

Die Erlebnisse des heutigen Tages wollten mich nicht loslassen: Der leutselige Alte, der sich plötzlich aus der Menge gelöst und sich bei mir eingehakt, mich gesegnet hatte und dann genau so plötzlich von der Menschenmenge wieder verschluckt worden war. Die beflissene Verkäuferin im Bookshop und das geruhsame Stündchen im oberen Stockwerk zwischen Sesseln, Büchern und Tee. Der junge Schauspieler in der Grafton Street mit seiner klangvollen Stimme und seinen kritischen Ansichten …

»Dublin – Hinterhof Londons!« Über viele Generationen hinweg wurde die irische Metropole von dem erdrückenden Nachbarn der größeren Schwesterinsel im Osten so geschmäht. Aber die Geschichte ist ein kritischer Zeuge des wahren Geschehens; sie erinnert an Namen wie Jonathan Swift, Bernhard Shaw, Oscar Wilde, A.E. Russel, Goldsmith, John M. Synge, James Joyce, William Butler Yeats – alle diese und viele andere große irische Literaten haben ihre Spuren tief eingegraben im Gedächtnis europäischer Kulturgeschichte.

Wie schön, daß das europäische Gedächtnis wach geblieben ist und Dublin 1991 zur europäischen Kulturmetropole gekürt hat!

Newgrange: Mitten im Kreuz – doch wo ist der Kreis?

Ich bin in Newgrange. Oder sollte ich besser sagen: Endlich steht nun Newgrange vor mir? Das ist bestimmt zutreffender; denn die gewaltige Kuppel dieses steinzeitlichen Monumentes steht, nachdem ich die letzte Straßenkurve passiert habe, ganz plötzlich, wie aus dem Boden gewachsen, vor mir. Ich bin überwältigt: Die mit hellem Quarzitgestein verblendete Frontfassade, die große grüne Wiese davor, über der einfachen und gerade deshalb so beeindruckenden Szenerie ein tiefhängendes Wolkenknäuel vor blauem Himmel!

»Es geht gerade eine geführte Besichtigung los. Sie können noch mitmachen, wenn Sie wollen.« Ich will, und eile deshalb die Wiese hinauf. Draußen vor dem Eingang von Newgrange ist der Führer gerade damit zu Ende gekommen, seine obligatorischen Begrüßungsworte zu sprechen und einige Einführungsinformationen zu geben, als er mit einer einladenden Geste deutlich macht, daß wir nun das Innere der gewaltigen Megalithanlage von Newgrange betreten wollen. Den großen Stein mit den eingemeißelten Spiralen, der den Eingang bewacht, und der sich mir gestern bei der Bücherlektüre schon vorgestellt hatte, erkenne ich sofort wieder. Aber es bleibt keine Zeit, ihn genauer anzuschauen; denn hinter mir drängen die anderen Besucher. Wir zwängen uns bückend an gewaltigen senkrechten Steinkolossen vorbei einen leicht ansteigenden Gang hinauf – zwei oder drei Minuten später stehen wir in der zentralen Kammer von Newgrange. Unser Führer überläßt uns einige Minuten uns selbst, wir haben also Zeit zum Staunen. Und wie ich staune: Überall um uns herum und über uns gewaltige unbehauene Steinriesen! Diese tonnenschweren Kolosse sind also vor rund fünftausend Jahren aufgestellt worden, als es weder Transportfahrzeuge mit Rädern noch Bagger und Kräne gab? »Ja«, beteuert unser Führer, »unsere Ahnen haben beachtliche Leistungen vollbracht, und sie müssen auch schon damals technische Arbeitsmethoden gekannt haben.« Und dann bekommen wir Daten und Fakten zu hören: Maße und Gewichte, Konstruktionsmerkmale des selbsttragenden Kragsteingewölbes, oberhalb der Steine eingemeißelte Rinnen zwecks Abführung des Regenwassers, wissenschaftliche Meßmethoden zur Altersbestimmung. Ich höre nur mit einem Ohr hin, gehe meinen eigenen Gedanken nach: »Die Steine sind unbehauen, sie müssen aus archaischer Zeit stammen, aus der Zeit frühester Menschheitsgeschichte.« Archaisch, magisch, mythisch, intellektuell – entsprechend dieser Bewußtseinsstufen gliedert Jean Gebser[0], der Kulturphilosoph unserer Tage, die Evolution der Menschheit. Je mehr ich mich in *meine* Gedanken vertiefe, um so mehr rückt die Stimme unseres Führers von mir ab. »*Vier* Bewußtseinsstufen der Menschheit?« – Ich schaue mich um: Wir, die wir hier in der Kammer von Newgrange stehen und uns von unserem Führer informieren lassen, stehen tatsächlich ja in der *Vier* – in der Vier, angelegt in Form eines Kreuzes. Die Vier, das Kreuz ... Fragen tauchen auf; Fragen, von der intellektuellen Ebene unseres Bewußtseins aus gestellt, in der Hoffnung, aus den Tiefen einer magisch-mythischen Menschheitsepoche Antworten zu erhalten. Besonders eine Frage drängt sich immer wieder auf: »Ist das Kreuz nicht ein *christliches* Symbol?« Diese Frage hatte ich mir gestern, als ich in Dublin im *coffee shop* von *Hodges Figges* in meinen Büchern blätterte, bereits gestellt. Gestern war es eine hypothetische Frage, heute *erlebe* ich die Antwort: »Das Kreuz hat es schon Jahrtausende vor Christus gegeben.« Sogar im Alten Testament selbst begegnet uns in der Schöpfungsgeschichte (archaische Menschheitsepoche) in Worten, was hier in Newgrange als Konstruktion vor uns steht; nämlich die Vier, das Kreuz:

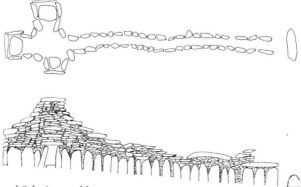

Grundriß und Schnitt von Newgrange

> *Es entspringt aber ein Strom in Eden, den Garten zu bewässern; von da aus teilt er sich in* vier *Arme.*
> (1. Mose 2.9)

Interessant, wie zwei Autoren, die eine Zeitspanne von Tausenden von Jahren trennt, nämlich Jean Gebser und die Verfasser der Bibel, in ähnlichen Strukturen denken: Jean Gebser sieht die Entwicklung des menschlichen Bewußtseins in *vier* Stufen, die Bibel läßt den einen Strom in *vier* Arme sich aufteilen.

Unser Führer erzählt noch – ich kann mich also noch etwas umschauen und meinen Gedanken weiter nachhängen. Es sind wirklich gewaltige Riesen, diese wuchtigen unbehauenen Steine! Und wieder kommt aus grauer Vorzeit, in Worten der Bibel, Kunde zu uns:

> *Willst Du mir aber einen Altar aus Steinen machen, so sollst Du ihn nicht aus behauenen Steinen bauen; denn wenn Du sie mit dem Eisen behaust, so entweihst Du sie.*

Ist das nicht ein sehr merkwürdiges, für uns Menschen von heute ein unverständliches und weltfremdes Gebot? Für unsere verstandesmäßige Beurteilung ist es das gewiß. Aber Überlegungen, die mit Newgrange oder mit der Schöpfungsgeschichte der Bibel zusammenhängen, betreffen eben nicht unsere intellektuelle, sondern die archaischmagische Bewußtseinsebene der Menschheit. Und unter archaisch versteht Jean Gebser[1] »null-dimensionale Struktur«, »Unität«, »Un-Unterschiedenheit von Mensch und All«. Mensch und All waren in der Frühzeit also noch eine Einheit, der Mensch stand noch *im* Kosmos. Von diesem Standpunkt aus beurteilt, ist es gar nicht so verwunderlich, wenn es heißt: » … denn wenn Du sie (die Steine) behaust, entweihst Du sie.« Welch eine Ehrfurcht vor der Schöpfung, selbst vor dem Stein! Obwohl doch der Stein in der Rangfolge von Mineral, Pflanze, Tier und Mensch auf der untersten Stufe dieser viergliedrigen Skala zu Hause ist.

Immer noch steht unsere Gruppe in der Mitte des steinzeitlichen Kreuzes, dort, wo sich die Vertikale und die Horizontale begegnen und berühren und dann weiter ihres Weges gehen: Nach rechts und nach links, nach oben und nach unten.

»Aber das Kreuz aus der Zeit *vor* dem Christentum, das Kreuz aus nicht-christlichen Kulturen, ist doch meistens von einem Kreis umgeben oder von einer Scheibe hinterlegt?« Ich schaue mich noch einmal um, schaue zum Kragsteingewölbe hinauf: »Wo also ist der Kreis im oder hinter dem Kreuz von Newgrange?« Ich kann ihn nicht entdecken. Gewiß: In seiner Ausdehnung ist jeder Punkt ein Kreis. Und ist nicht jede Mitte, wenn sie auf die kleinst denkbare Größe reduziert wird, ein Punkt und folglich wieder ein Kreis? Demnach wäre also auch die Mitte des Kreuzes von Newgrange, in der ich stehe und meine Betrachtungen anstelle, letztlich ein Kreis? Durchaus möglich – jedenfalls mögen unsere Ahnen aus der jüngeren Steinzeit es noch nicht nötig gehabt haben, den Kreis im Kreuz sichtbar zu machen, um zu *wissen,* daß Kreuz und Kreis zusammengehören wie Erde und Himmel, wie Schöpfung und Schöpfer, wie Stoff und Geist, wie Zeit und Ewigkeit.

Ich bemerke, daß unser Führer soeben begonnen hat, das einfallende Sonnenlicht zur Wintersonnenwende zu beschreiben. Zu diesem Zweck imitiert er mit elektrischem Licht, wie am 21. Dezember ein dünner Lichtstrahl der Sonne in der dunklen Kammer auftaucht, sich langsam vergrößert und die Kammer von Sekunde zu Sekunde heller ausleuchtet. »So in etwa dürfen Sie sich das Lichtwunder zur Wintersonnenwende vorstellen – nur viel dramatischer! Stellen Sie sich vor: Da, wo wir jetzt stehen, ist alles dunkel, es herrscht tiefe Höhlenfinsternis. Und dann geht draußen die Sonne auf und schickt ihre ersten Strahlen direkt hier herauf, in die Mitte des Kreuzes hinein.« Wir sind beeindruckt. »Das müßte man einmal *erleben* können!« Der Führer winkt ab: »Nur geladene Gäste nehmen an dieser Sonnenwendfeier teil, und die Warteliste für Bewerber ist auf Jahre hinaus gedrängt voll.«

Wir müssen den Palast von Newgrange verlassen, draußen wartet die nächste Gruppe auf Einlaß. Aber bevor wir gehen, weist unser

Führer uns noch kurz auf einen der senkrechten Steine mit drei eingemeißelten Spiralen hin. »Genauer gesagt: Es sind *drei* Doppelspiralen«, kommentiert er.

Die Spirale – der Kreis in fortschreitender Bewegung! Ich leite aus diesem Dreier-Symbol wieder eine Botschaft aus der Bibel ab, dieses Mal aus dem *Neuen* Testament; da heißt es zu Beginn des Prologs im Johannes-Evangelium:

> *Im Anfang war das Wort.*
> *Und das Wort war bei Gott.*
> *Und Gott war das Wort.*

Zeichnung der Dreier-Spirale

In Gedanken spreche ich die Worte einige Male vor mich hin. Ich höre und spüre einen prägnanten Rhythmus aus den Worten und aus dem Satzgefüge heraus. Immer beginnt eine Aussage mit dem Wort, mit dem die vorhergehende geendet hat; Anfang und Ende sind identisch. Genau so ist es mit dem Kreis: Er endet, wo er beginnt. In der Tat *hat* der Kreis weder Anfang noch Ende. Und das will wohl auch der Prolog des Johannes-Evangeliums zum Ausruck bringen: Die Gottheit ist ohne Anfang, ohne Ende!

Spirale, Kreis in fortschreitender Bewegung, kreisender Rhythmus – also auch in Newgrange Kreuz *und* Kreis? Nein, hier im innersten Heiligtum des steinzeitlichen Tempels von Newgrange mögen Kreuz und Kreis als philosophische Erkenntnis in einer einheitlichen Gestalt *gedacht* werden; in sichtbaren Symbolen erscheinen sie als *getrennte* Elemente: Das Kreuz tritt uns als festgefügte Konstruktion entgegen, der Kreis ist dem Stein außerhalb des Kreuzes als Spiralfigur eingemeißelt.

Keine Symbolik von Kreis *und* Kreuz also?

Es ist früher Nachmittag, als wir wieder vor dem Eingang des Megalith-Tempels stehen. Nun hätte ich Zeit, vor dem wuchtigen Schwellenstein zu verweilen und über die Spiralmotive auf *diesem* Stein nachzusinnen. Aber eine weitere Gruppe von Besuchern verstellt mir die Sicht. Also mache ich einen Rundgang um die gewaltige Anlage selbst. Wiederholt bemerke ich auf den großen Einfassungssteinen das Muster der Spirale. Diese ständige Wiederholung des Kreises in fortschreitender Bewegung, die Spirale, muß hier in Newgrange eine große und zentrale Bedeutung haben! Aber welche? Ich weiß keine Antwort, heute nicht. Aber ich werde wiederkommen; denn Newgrange hat mich gleich bei diesem ersten Besuch verzaubert.

Newgrange: Kreisender Rhythmus
Schon wenige Wochen später bin ich wieder in Irland, wieder in Newgrange; dieses Mal als Reiseleiter. Aber meine Reisegäste selbst in das Heiligtum zu führen, traue ich mir noch nicht zu. Zu viele Fragen, die sich bei meinem ersten Besuch gestellt hatten, sind ohne Antwort geblieben. Vielleicht finde ich sie heute. Meine Suche nach dem Kreis beginne Ich dort, wo ich bei meinem ersten Besuch vor wenigen Wochen aufgehört hatte: Vor dem Eingang beim Schwellenstein mit den faszinierenden Spiralen, die diesen Stein so dominant kennzeichnen.

Schwellenstein mit Spiralmustern

*Vergrößerter Ausschnitt aus Schwellenstein –
Spirale »einrollen« und Spirale »ausrollen«*

Auffallend ist, daß eine markante senkrechte Linie die Fülle von Spiralen in eine linke Dreier-Figur und in eine rechte Zweier-Figur gliedert. Ich versuche, gedanklich die Spiralen in Uhrzeigerrichtung nachzuzeichnen, und stelle dabei fest, daß die Spiralen der Dreier-Figur (links) sich einrollen, während die der Zweier-Figur (rechts) sich ausrollen. Der *kreisende* Rhythmus, den die Spiralen suggerieren, ist folglich gegenläufig. Was mag das bedeuten? Mir kommt eine Beobachtung von Martin Brennan[2], die er in seinem Buch *The Stars and the Stones* beschreibt, in den Sinn; danach soll am Stichtag der Wintersonnenwende die aufgehende Sonne bewirken, daß der Schatten eines hohen Steins die linke Dreier-Spirale abdeckt, während die Figuren rechts der senkrechten Linie im Licht der aufgehenden Sonne liegen. Demnach also einrollend-schrumpfende Bewegung (links) Schatten und ausrollend-wachsende Bewegung (rechts) Licht? Warum nicht! Hatte doch schon Goethe beobachtet, daß das Wachstum der Pflanzen nach dem Muster der Spirale abläuft: Ausrollen bedeutet Wachsen (Licht), einrollen Welken (Schatten). Dunkelheit und Licht, Sonne und Schatten, Wachsen und Welken – das sind keine statischen Größen; es sind Bewegungen, die ihren Impuls aus der Spannung der Polarität erhalten und sich im Takt der kosmischen Uhr in einem *kreisenden* sich fortbewegenden Rhythmus (Spirale) wiederholen.

Die ersten meiner Reisegruppe kommen soeben aus dem inneren Gehäuse von Newgrange zurück, aber wir fahren erst in einer Stunde wieder los. Ich habe also noch genügend Zeit für meine Erkundungen außerhalb des Palastes, und so mache ich mich auf den Weg, den großen Erdhügel zu umrunden, Auf dem Rundgang ist das Buch *Newgrange* von Prof. Michael J. O'Kelly[3], dem Chef-Archäologen von Newgrange, mein Begleiter.

Genau gegenüber vom Eingang, den der große Schwellenstein bewacht, finde ich einen ähnlich großen Stein. Und auch diesem Stein ist wieder das Spiralmuster eingemeißelt. Noch erstaunlicher aber ist, was nur aus dem erwähnten Buch in dieser Deutlichkeit ersichtlich ist: Die beiden Steine liegen sich nicht nur exakt gegenüber, sie haben ganz offensichtlich auch eine unverkennbar messende Funktion; denn der Schwellenstein liegt genau auf der Position der *auf*gehenden Sonne zur Wintersonnenwende, der gegenüberliegende Stein exakt auf der Position der *unter*gehenden Sonne zur Sommersonnenwende. Winter und Sommer, Sonnenaufgang und Sonnenuntergang: Wer die Aufgabe hätte, diesen sich ständig wiederholenden Rhythmus in einem Symbol zu erfassen, käme wohl nicht umhin, sich für den *Kreis* zu entscheiden.

»Aller Rhythmus ist Atmung ... das Kind bekommt von seinem Schöpfer den Lebensatem in die Nase gehaucht, und mit seinem ersten Schrei gibt es ihn zurück – nun sind beide verbunden, im Geben und Nehmen, ein ganzes Menschenleben lang.« Diese Worte aus Mellie

Uylderts[4] Buch *Der Lebensrhythmus* könnten dem Spiralmuster auf den Steinen, vor denen ich betrachtend verweile, als Botschaft unterlegt sein.

Gewiß: Die Spiralmuster wurden den Steinen vor etwa fünftausend Jahren eingemeißelt, und wie wollen wir wissen oder auch nur ahnen können, ob unsere Ahnen aus der Steinzeit ähnlich gedacht haben wie wir Menschen der heutigen Zeit! Wissen können wir es nicht, zumal Wissen durch die Strömung der Zeit häufig bis zur Unkenntlichkeit abgeschliffen wird. Aber der Rhythmus von Einatmen und Ausatmen, von Geben und Nehmen, von Wachsen und Welken gehorcht dem Gesetz der Weisheit – und Weisheit wurzelt hinter der Zeitenströmung in den Tiefen des Kosmos. Kosmische Weisheit verblaßt nicht, sie hat Bestand.

Bei meinem ersten Besuch von Newgrange hatte ich im Kreuz gestanden, den Kreis hatte ich vergeblich gesucht. Habe ich ihn heute gefunden? Als rhythmisch *kreisende* Bewegung bin ich ihm im Symbol der Spirale auf Schritt und Tritt begegnet. Aber wo ist in Newgrange Kreis und Kreuz als *ein* Symbol, als Ein-heit? *Dieses* Symbol habe ich auch heute nicht gefunden.

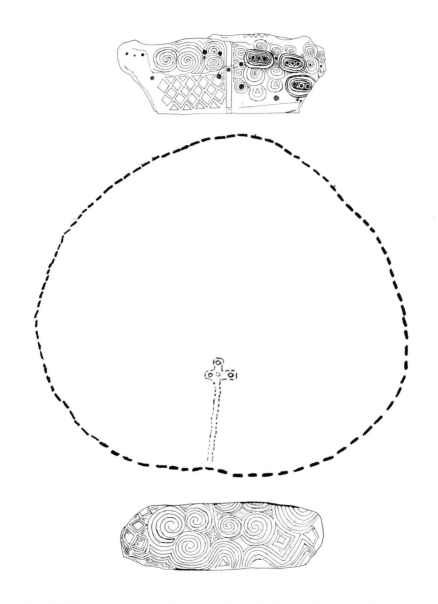

Grundriß Newgrange mit den beiden erwähnten Steinen und den Spirallmustern

Von fremder Hand gar wundersam geschrieben
ziehn Kreise schwingend ihre Bahn
durch zeitengraues Urgestein.

Was mag der Kreise Botschaft sein?
Ist es Magie, ist's eitel Zauberwahn,
der in verblichenen Zeichen uns verblieben?

Du fragst und willst den Sinn erkunden
der Chiffren, die im Stein dort stehn.
Magst ewig fragen –
denn eh' die Antwort Du gefunden,
wird Dich der Zeiten Hauch verwehn;
bist auf geheimnisvoll Geheiß
Du selbst doch auch ein schwingender Kreis.
Mal weitet sich Dein Selbst zum Leben
und steht in gleißend hellem Licht,
dann wirst in Enge Du erbeben
und stöhnen unter Schatten lastendem
Gewicht.

Kommen und Gehen,
Wachsen und Verwehen –
so taumeln Licht und Schatten durch die Zeit
bis an den Rand der Ewigkeit.
                              Werner Antpöhler

Newgrange: Kreuz und Kreis – Ich entdecke das Keltenkreuz.
Ich war wieder einmal in Dublin und saß an meinem angestammten Platz bei *Hodges Figges bookshop*. »Es ist ein neues Buch über Newgrange am Markt, willst Du mal reinschauen?« Die Verkäuferin wußte, wie man mich neugierig machen kann. Tim O'Briens[5] Buchtitel klang

verheißungsvoll: *Light Years Ago* (Vor vielen Lichtjahren). Dem Titel entsprechend, befaßt der Autor sich in seinem Buch tatsächlich ausführlicher als andere mit dem Sonnen-Wunder zur Wintersonnenwende. Er stellt nicht nur lediglich fest, daß die Sonne gleich nach Aufgang ihr erstes Licht in die zentrale Kammer von Newgrange hineinschickt; mit Fotos und Skizzen belegt er vielmehr, daß das Sonnenlicht in der Kammer sich in Übereinstimmung mit dem Lauf der Sonne draußen *bewegt*. »Das ist es«, schoß es mir durch den Kopf, »Sonne, Bewegung, Kreis.« Wieder und wieder las ich die Seiten, die den Bewegungsablauf des Sonnenlichts in der Kammer von Newgrange beschreiben. Ich begriff zwar, was da mit Text und Abbildungen gemeint war – aber »verstehen werde ich das nur, wenn ich es erleben kann.« Von nun an ließ mich eine Frage nicht mehr los: »Wie komme ich zu einer Einladung zur Feier der Wintersonnenwende in Newgrange?«

Um eine solche Einladung zu erhalten, bedarf es überzeugender Argumente. Und Glück. Ich hatte beides. Und so kam es, daß ich mich am Morgen des 19. Dezember 1993 in Newgrange einfand. Schon gegen 7.00 Uhr hatte ich mein Hotel verlassen, eine halbe Stunde später war ich vor Ort. Wie oft schon hatte ich hier vor dem Eingang des Sonnenpalastes gestanden, den Schwellenstein angestaunt, die rätselhaften Zeichen zu entschlüsseln versucht!

Noch war alles von grauer Morgendämmerung ummantelt, nur die mit Quarzitgestein verblendete Frontfassade der gewaltigen Kuppel von Newgrange hob sich blaß von dem Dunkel der Umgebung ab. Aber dann wich mit jeder Minute das Dunkel etwas mehr in die Tiefe der Nacht zurück, und plötzlich zog im Osten ein heller Streifen herauf – das war der Tag. Und was für ein Tag! Schon nach wenigen Minuten war der Himmel mit einem Farbgemisch aus grün-gelb-rosa übermalt. Wie ein riesiges Torffeuer glühte der Himmel. Und nirgendwo war eine Wolke zu sehen.

Die ersten PKWs rollten an, schweigend stiegen die Menschen aus. Dann kam Clare Tuffy, die Dame vom *Office of Public Works*, die uns in das Heiligtum führen sollte. Wir kannten uns seit Jahren. »Hast

Du ein Glück«, rief sie mir kurz zu und zeigte auf den rotglühenden Osthimmel, und schon standen wir vor dem Schwellenstein am Eingang von *Brú na Bóinne*, dem Sonnentempel aus grauer Vorzeit. Während unsere Führerin ein paar obligatorische Einführungsworte sprach, schaute sie an und wann über ihre Schulter zurück, um nichts von dem zu verpassen, was sich da am Osthimmel tat. Da war alles wie zuvor: Taghell, rot, feuerrot. Genau so hell leuchtend und strahlend war das Gesicht unserer Führerin. Ganz bestimmt war sie froh und glücklich, uns achtzehn ungeduldigen Newgrange-Besuchern in wenigen Minuten ein wahres Wunder bieten zu können, hatte sich die Sonne an den beiden vorausgegangenen Tagen doch hinter einem bewölkten Himmel versteckt.

Und dann geht's tatsächlich los …
Einer nach dem anderen zwängen wir uns den etwa zwanzig Meter langen Gang hinauf, vorbei an links und rechts aufgestellten Steinkolossen mit den schon vertrauten Symboleinritzungen. Nach zwei oder drei Minuten sind wir in der zentralen Kammer, im Kreuz des Heiligtums, versammelt. Im Laufe der Zeit hatte ich hier schon oft gestanden und mit Augen und Gedanken nach dem Kreis, dem Ergänzungsstück zum Kreuz, gesucht! Unsere Führerin geht noch einmal zurück, wirft einen prüfenden Blick hinaus zum Osthimmel, kommt zurück, knipst die Taschenlampe aus. Wir stehen im Dunkel, in tiefschwarzer Höhlenfinsternis. Einige raunen sich noch ein paar Worte zu, dann ist alles still. Jeder wartet, wartet angespannt auf das Wunder der Winter-Sonnen-Wende. Und wirklich: Das Wunder geschieht.

Mitten in das Dunkel hinein erscheint plötzlich, wie von der Sehne eines Bogens losgelassen, ein Lichtstrahl unten vor unseren Füßen. Silbrig-weiß sieht er aus, nicht größer als eine Pfeilspitze. Uns ist sprichwörtlich der Schreck in die Glieder gefahren. Aber davon erholen wir uns schnell, denn nun bietet sich uns ein Schauspiel, das mit Worten kaum wiederzugeben ist:

Die Pfeilspitze bewegt sich – im Uhrzeigersinn tastet sie sich an den Steinen der linken Seite des Heiligtums entlang, wird dabei von

Minute zu Minute größer, erreicht schließlich etwa die Länge einer Lanze, verfärbt sich mit zunehmender Größe von silbrig-weiß bis zu einem kräftigen Orange, taucht die ganze Zentralkammer bis hinauf zu der etwa sechs Meter hohen Kuppel in gleißendes Licht. Wenn kurz zuvor um uns herum noch alles stockfinster war, so können wir uns plötzlich alle deutlich erkennen. Und wir können dem Hinweis unserer Führerin folgen, die mit ausgestrecktem Arm auf einen der senkrechten Steine in der hinteren Kammer zeigt: »Da.« Als ob in einem Theater eine von Lichteffekten hingezauberte Vision aus den Kulissen heraustritt, so steht plötzlich in Augenhöhe das mir schon vertraute Spiralmotiv als Dreier-Figuration vor uns, heute allerdings ist die Erscheinung viel dramatischer als bei früheren Besuchen, bei denen das gleißende Licht der Sonne mit leblosem elektrischen Licht nachgeahmt worden war.

Das ist nicht zu fassen, ist einfach unmöglich! In unseren Köpfen wissen wir zwar, daß das hier in der Palastkammer wandernde Licht durch den Gang der Sonne da draußen bewirkt wird; aber angesichts des sich vor unseren Augen vollziehenden Wunders tritt das Denken für den Augenblick zurück. Es bleibt auch gar keine Zeit zum Nachdenken, denn es beginnt des Schauspiels zweiter Akt: Unsere Lichtlanze hat beinahe den hinteren Stein der Kammer berührt, da *wendet* sie sich wieder zum Gehen. Wie von unsichtbarer Hand geführt, beginnt sie soeben an der rechten Wand der Zentralkammer zurückzuwandern, als unsere Führerin ein leises hingehauchtes »Das war's« von sich gibt. Und richtig: Da war's geschehen:

die Wende, die Winter-Sonnen-Wende.

Genau in dem Augenblick, als unsere orangefarbene Lichtlanze fast den hinteren Stein im Heiligtum von Newgrange berührt, wird die Botschaft verkündet: »Alles geht weiter seinen normalen Gang.« Dieser in einem *kreis*förmigen Bogen vollzogene Übergang von links nach rechts, vom Winter zum Sommer, geschieht so unauffällig, daß wir es, hypnotisiert von der geisterhaften Lichtlanze, beinahe nicht bemerken.

Aber so ist es eben: Die wichtigsten Dinge des Lebens geschehen in aller Stille. So zieht auch unsere Lichtlanze in aller Stille ihre *Runde* durch die Mitte des Kreuzes, wird von Minute zu Minute kürzer und blasser, ist dann plötzlich nur noch so groß wie eine Pfeilspitze, wird wieder silbrig-weiß und – ist verschwunden.

Hatte ich das nicht immer schon gewußt: Wo das Kreuz, ist auch der Kreis! Schöpfer und Schöpfung, Geist und Materie, Licht und Dunkel, Himmel und Erde – was Philosophen und Seher vieler Kulturen gelehrt haben und auch heute noch lehren, wird von der Sonne selbst als ewige Wahrheit bekräftigt, indem sie zur Wintersonnenwende dem Kreuz von Newgrange ihre unverkennbare Signatur aufprägt: Den *Kreis*. Einen Kreis, der zusammen mit der *Kreuzes*konstruktion der Palastkammer für wenige Augenblicke das Mandala eines *Keltenkreuzes* vor uns hinstellt.

Und diese Tatsache darf ich heute *erleben* – heute, am 19. Dezember 1993, gegen 9 Uhr früh!

Unsere Führerin knipst wieder ihre Taschenlampe an. Niemand spricht, wir sind betroffen, stehen noch ganz unter dem Eindruck des Wunders. Schweigend treten wir aus dem Kreuz heraus, gehen den Gang zurück; nur die eingeritzten Zeichen auf den wuchtigen Steinen zu beiden Seiten des Ganges sprechen ihre rätselhafte Sprache. Dann hat die Welt uns wieder, draußen stehen wir im gleißend hellen Sonnenschein. Unbekümmert geht die Sonne ihres Weges. Oder, um die Lehre von Galilei in Erinnerung zu bringen: Gelassen setzt der Planet Erde seinen Rundgang um die Sonne fort.

Ich stehe wieder dort, wo ich schon so oft in Gedanken versunken gestanden hatte, nämlich draußen vor dem Schwellenstein mit den beiden Figurationen von Spiralmotiven.

Nur zu gern hätte ich das Sonnen-Wunder von Newgrange fotografiert, um das im *Kreis* wandernde Sonnenlicht zu dokumentieren; aber aus verständlichen Gründen ist das Fotografieren im Heiligtum von Newgrange untersagt – so wird mein Erlebnis hier nur zeichnerisch festgehalten.

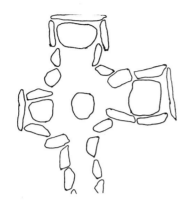 

Grundriß der Kreuzkammer mit einzelnen Steinen   *Schematisiertes Kreuz mit wanderndem Licht zur Winter-Sonnenwende*

Gewiß: Wer in Newgrange ein geometrisch exaktes Kreuz sucht, wird es nicht finden. Wer den Kreis im Kreuz, den die Sonne nur zur Zeit der Wintersonnenwende offenbart, mit dem Zirkel nachzeichnen will, wird auch keinen geometrisch präzisen Kreis vorfinden. Wer hingegen Auge und Geist für die Botschaft von Symbolen zu öffnen vermag, der wird erkennen, daß in Newgrange die Wesensmerkmale von Kreuz und Kreis sich zur Wintersonnenwende zu einem Mandala vereinigen, dem wir später in christlicher Zeit als *Keltenkreuz* begegnen.

[0] Jean Gebser, *Ursprung und Gegenwart*, Deutscher Taschenbuch Verlag
[1] Jean Gebser, U*rsprung und Gegenwart*, Deutscher Taschenbuch Verlag
[2] Martin Brennan, *The Stars and the Stones,* Thames and Hudson Ltd. London
[3] Prof. Michael O'Kelly, *Newgrange*, Thames and Hudson Ltd. London
[4] Mellie Uyldert, *Der Lebensrhythmus*, Neue Erde
[5] Tim O'Brien, *Light Years Ago*, The Black Cat Press Dublin

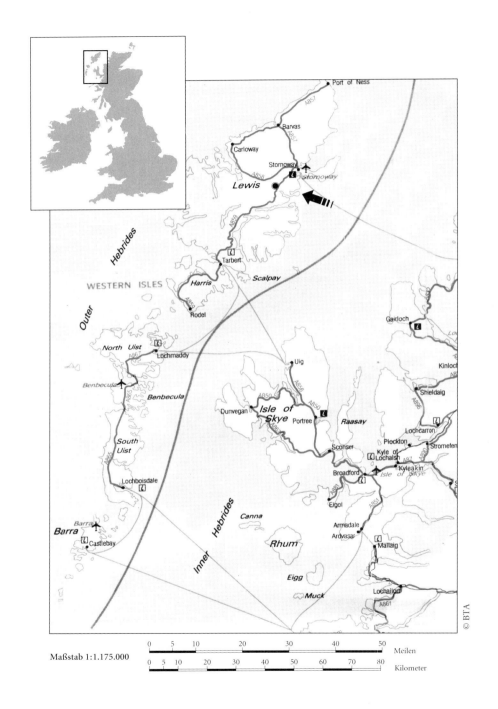

Callanish
Wo Himmel und Erde, wo Kreis und Kreuz sich begegnen.

Einmal war ich schon hier gewesen, auf der Insel Lewis auf den Äußeren Hebriden. Damals war ich mit der Fähre rübergekommen, hatte eine Route für Reisebusse erkundet, der Besuch bei den Callanish Stones hatte sich deshalb auf eine knappe Stunde beschränken müssen. Nun war ich per Flugzeug gekommen – nur der Steine wegen. Per Flugzeug auf die Äußeren Hebriden, das mußte doch ein Erlebnis werden: Unter uns die Welt von rund fünfhundert Inseln, Eilanden und Atollen. Und weit draußen hinter dem Horizont nichts als die unendliche Weite des Ozeans ... so hatte ich mir das vorgestellt. Aber daraus wurde nichts; schon beim Umsteigen auf dem Flughafen in Glasgow hatte die Sonne sich geweigert, mitzumachen. Dort, wo tief unter uns der Atlantik die Kulisse für die Inselwelt der Hebriden abgeben sollte, war nichts als eine Einheitsdecke aus schlichtem nichtssagenden Grau. Aber dann kam der Landeanflug auf Stornoway: Die graue Decke riß jäh auseinander, die Wolkenfetzen stoben in wilden Haufen davon, stürzten wieder auf uns ein wie die Falken auf die wehrlose Taube, ließen von uns ab, rotteten sich erneut gegen unser Flugzeug zusammen und zogen sich dann endgültig zurück in ihre grauen Gefilde, die nun jedoch über uns lagen. Unten, immer dichter und deutlicher heraufziehend, Wasser, Strand, Dünen, Klippen. Das Bild unter uns begann zu torkeln. Wo die Wolken aufhörten, wo die silbern glitzernden Kämme der Meereswogen begannen, war nicht auszumachen. So sieht es aus, wenn Wolken und Wogen, wenn Himmel und Erde sich begegnen.

Die wenigen Meter vom Flugzeug in die Flughafenhalle mußten in schräger Körperhaltung zurückgelegt werden; Sturm und peitschender Regen ließen keine andere Gangart zu. Aber es war nicht kalt; auf den Hebriden wird das Wetter vom Golfstrom bestimmt. Vierundzwanzig Millionen Kubikmeter Wassermassen befördert er in einer Sekunde; seine Strömungsgewalt ist mithin zwanzig mal so groß wie die sämtlicher Flüsse und Gletscher unserer Erde zusammengerechnet. Hinzu kommt, daß der Golfstrom keine Druck- sondern eine Sogströmung ist. Und das soll, so sagen uns die Wissenschaftler, seine Wärme bewirken.[1] Mag es hier draußen deshalb regnen und stürmen – es bleibt konstant mild, die Hebriden kennen keinen Winter.

Schnell das Gepäck von der Rutsche, dann ein Taxi her und raus zu den Callanish Stones! Aber der Regen will sich nicht verziehen. Was soll's – ein kurzer Gang zu den Steinen muß sein ... Wie schläfrige Riesen stehen diese gewaltigen Kolosse dort auf einem gras- und moosüberwachsenen Hügelrücken. Sie stehen einfach dort in der Gegend herum, ohne System, ohne jegliche Bedeutung – so jedenfalls hat es den Anschein. Zu Hause habe ich in Büchern zwar interessante Hypothesen über die mutmaßliche Bedeutung dieser steinernen Monumente aus grauer Vorzeit gelesen; aber angesichts des prasselnden Regens will keine Stimmung aufkommen, diesen Hypothesen jetzt gedanklich nachzugehen. Die Steine stehen hier schon seit mehr als fünftausend Jahren, also werde ich sie auch morgen noch an gleicher Stelle antreffen! So beschwichtigt, gehe ich erst einmal in die Cafeteria des Informationszentrums. Eine Tasse Kaffee tut seine Wirkung, das Interesse an den Steinen ist wieder erwacht. Hatte ich die Steine wenige Minuten zuvor nicht wie schläfrige Riesen empfunden? Und nun, bei Kaffee und Keks, lese ich in einer kleinen Broschüre tatsächlich eine ähnliche Deutung: Nach alter Überlieferung soll einstmals ein Magier eine Gruppe von Menschen als Strafe für ihre Missetaten in stumme Steine verwandelt haben. Kein Wunder, daß sie nach so langer Zeit schläfrig geworden sind. Legenden, nichts als Legenden – so ist unsere normale Reaktion auf solche »Geschichten«; sind wir Menschen von heute doch daran gewöhnt, alles ausschließlich vom Verstand überprüfen zu lassen. Den uns von Kindesbeinen an vertrauten Dichtern gegenüber sind wir nicht ganz so reserviert, ihre »Geschichten« sind wir eher geneigt hinzunehmen.

Sollten die Weltkörper Versteinerungen sein?
Vielleicht von Engeln ...

so hatte unser Dichter Novalis zum Beispiel gefragt, als er für das Phänomen *Stein* offensichtlich keine Erklärung fand.

Der nächste Morgen: Heulender Sturm, aber Sonnenschein. Jetzt zu früher Stunde sehen die Steine gar nicht mehr so schläfrig aus. Ich berühre sie, schrecke vor der gewaltigen Höhe dieser steinernen Riesen beinahe zurück. Aber ich bemerke, daß auch Steine schön sein können. Sie haben Runzeln und Adern. Farbige Adern sogar: braun, rot, oliv. Die Sonne zaubert ein farbenprächtiges Gemisch auf die steinernen Gestalten, mal dominiert die eine, mal die andere Farbe. Da mag man verweilen, auch wenn von Zeit zu Zeit schwere düstere Wolken tief herabhängen.

Fragen treten an mich heran. Besonders eine immer wieder: Was wollten die Menschen vor rund fünftausend Jahren mit der Errichtung der Callanish Stones hier draußen auf den Äußeren Hebriden bezwecken? Welcher Sinn mag hinter dieser kräftezehrenden Anstrengung gelegen haben?

> *Jakob nahm einen von den Steinen der Stätte, tat ihn unter sein Haupt und legte sich an dieser Stätte schlafen.*
> *Und er fürchtete sich und sprach: »Wie furchtbar ist diese Stätte!*
> *Hier ist nichts anderes als Gottes Haus, hier ist die Pforte des Himmels.«*
>
> *Am andern Morgen aber in der Frühe nahm Jakob den Stein, den er unter sein Haupt gelegt hatte, richtete ihn auf als Malstein und goß Öl oben darauf;*
> *und er nannte die Stätte Bethel*
> *[d.i. Gottes Haus].* (1. Mose – 28.11, 18, 19)

Der Stein, von Menschen errichtet, ist also Gottes Haus – so jedenfalls können wir es dem Alten Testament entnehmen. Ob die Menschen hier oben im äußersten Nordwesten Europas mit Steinen ähnlichen Umgang pflegten wie Jakob, das allerdings rund eintausendfünfhundert Jahre vor diesem? Warum eigentlich nicht! Religiöse Kulte wird es so lange schon geben, wie es Menschen gibt.

Jakob hatte zur Erinnerung an seine nächtliche Vision *einen* Stein aufgerichtet, nämlich nur den, den er am Abend zuvor unter sein Haupt gelegt hatte. Hier auf der Insel Lewis wurde gleich eine größere Gruppe von Steinen aufgestellt; also dürfte diese steinzeitliche »Baumaßnahme« mehr als reinen Erinnerungswert gehabt haben. Während ich das erwäge und dabei von einem Stein zum anderen gehe, stelle ich fest, daß einige der riesigen Steine einen Kreis bilden. Ich stelle es nicht fest, ich spüre es, weil ich beim Gehen ganz zwangsläufig selbst einen Kreis beschreibe.

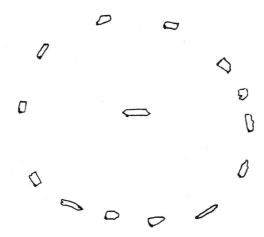

Grundriß des Steinkreises

Der Kreis ... Ich stelle mich *in* den Kreis, stehe also in einem Symbol, bin zu Gast in »Gottes Haus« (Jakob).

> *Nach ewigen, ehernen großen Gesetzen*
> *müssen wir alle*
> *unseres Daseins Kreise vollenden.*

... so Goethe. Ob unsere Ahnen vor fünftausend Jahren auch schon so gedacht haben? Wahrscheinlich haben sie nicht auf unsere heutige Art *gedacht*, aber sie werden diese uralte Weisheit durch Beobachtung *gewußt* haben. Und wenn, dann werden sie auch gewußt haben, daß der Kreis die beiden elementaren Kräfte der Fliehkraft und der Anziehung in der Balance hält. Vielleicht haben sie ebenfalls gewußt, daß sich aus dem Kreis als Mikrokosmos das Geschehen im *kreisenden* Makrokosmos beobachten und ablesen läßt.

Unsere Ahnen aus der jüngeren Steinzeit haben uns zwar keine schriflichen Botschaften hinterlassen; dennoch dürfen wir davon ausgehen, daß die Fügung der Steine von Callanish zu einem Kreis große Bedeutung hatte.

Archäologen und Astronomen haben die Callanish Stones unter verschiedenen Gesichtspunkten vermessen und die Ergebnisse zu markanten topographischen Gegebenheiten der Umgebung in Beziehung gesetzt, und sie sind zu der Überzeugung gekommen, daß Callanish nicht nur eine religiöse Kultstätte, sondern in erster Linie ein Observatorium zur Beobachtung der Mondbewegungen war. Das wäre nicht verwunderlich; ist doch der Mond der Lenker von Ebbe und Flut. Und die Gezeiten bestimmen hier draußen auf den Äußeren Hebriden damals wie heute den Rhythmus des Lebens.

Die Mondphasen betragen mal neunundzwanzig und mal siebenundzwanzig Tage, im Durchschnitt also achtundzwanzig Tage. Dreizehn mal im Jahr umrundet der Mond die Erde. Werden diese beiden Daten miteinander multipliziert, also 13 mit 28, dann haben wir das noch heute gültige Kalenderjahr von 364 Tagen komplett. Verblüffend! Aber noch verblüffender ist, daß der Steinkreis von Callanish genau aus dreizehn riesigen Steinen zusammengefügt ist. Der Mond um*rundet* unsere Erde. Umrunden aber heißt um*kreisen*. Da verwundert es nicht, daß die dreizehn großen Monolithen von Callanish in einem *Kreis* errichtet wurden! Wenn etwas als runde Sache, als etwas Vollkommenes, verständlich gemacht werden soll, greifen wir als Verständigungssymbol auch heute noch gern auf den *Kreis* zurück.

Gott sei Dank hat es aufgehört zu regnen, Wind und Sonne führen das Regiment. Ein herrlicher Tag ist das. Ich lehne mich an den Monolithen in der Mitte des Kreises an und schaue in verschiedene Richtungen aus dem Kreis heraus in die weitere Umgebung. Was ich sehe, sind immer wieder Wolken und Wogen. Der Himmel und das Meer bestimmen hier auf den Äußeren Hebriden das Geschehen.

»Es werde Licht!« – so heißt es in der Schöpfungsgeschichte der Juden und der Christen. Es *werde*, heißt es dort, nicht es wurde. Nichts in der Schöpfung ist abgeschlossen, immer aufs Neue heißt es »Es werde!«

Nie ist mir das so bewußt geworden wie hier im Kreis der Callanish Stones, wo ich immer noch bei dem Monolithen im Zentrum des Kreises stehe und durch die Steinlücken hindurch das ständige Kommen und Gehen von Wolken und Wogen zwischen Himmel und Meer beobachte. Da will mir das Ende der biblischen Schöpfungsgeschichte »Und Gott *vollendete* am siebenten Tage sein Werk« und »er *ruhte* am siebenten Tage von all seinem Werke« (1. Mose 2.2) nicht so recht einleuchten. Der Schöpfungsmythos der Kelten, den diese von ihren Vorgängern aus der Steinzeit übernommen haben dürften, gibt da eine einsichtigere Erklärung, wenn es am Schluß heißt: »Dann knüpfte Ogma einen Knoten der Erinnerung in die Fransen von Brigits Mantel.« Vielleicht sollte Brigit eines Tages daran erinnert werden, daß Pflanzen, Tiere und der Mensch auf der von ihr und den anderen Göttern geschaffenen »Insel des Schicksals« ihren Platz noch nicht eingenommen hatten. Denn in der Tat läßt der keltische Schöpfungsmythos Pflanze, Tier und Mensch völlig unerwähnt; nur von der Schaffung der Erde ist die Rede. Dazu benötigen die Götter der vor-keltischen Ahnen im Nordwesten Europas nur *vier* Entwicklungsphasen und nicht sechs Schöpfungstage, wie es in der Bibel heißt.

> »Wir werden das **Lichtschwert** mitnehmen«,
> sagte Brigit, »und den **Kessel der Fülle**,
> und den **Speer des Sieges**,
> und den **Stein des Schicksals** ... «

Vier elementare Kräfte benötigt die Götterrunde der Brigit also, um die Erde zu erschaffen. Immer wieder stellt die Welt der jüngeren

Steinzeit die Zahl *Vier* vor uns hin. Mal tritt die *Vier* als kreuzförmige Kammer in Newgrange (Irland) und anderen Megalithbauten auf, dann wieder als *vier*geteilter Kreis, wie er später in christlicher Zeit im Keltenkreuz seine Fortsetzung findet.

Und hier im Kreis der Callanish Stones, ist auch hier die *Vier* anzutreffen? Auf den ersten Blick nicht. Aber wenn man dann aus dem Kreis heraustritt und die Steine außerhalb des Kreises genauer anschaut, ist nicht zu übersehen, daß diese Steine in geordneten Reihungen aufgestellt sind. Beim ersten Besuch von Callanish war ich von dem Gesamteindruck der Anlage überwältigt. Doch nun, wo der Kreis von dreizehn Steinkolossen Bedeutung gewonnen hat, fügen sich auch die Steinreihungen außerhalb des Kreises zu einem Bild, zu einem Symbol. Wieder sind es ausgerechnet *vier* Reihungen, in welche die Steine ausgerichtet sind. Und die Ausrichtungen sind Osten, Westen, Süden, Norden.

Je mehr ich hinschaue und je häufiger ich die Steinreihungen abschreite, um so deutlicher wird es: Die Callanish Stones stellen die Zahl *Vier* vor uns hin. Mehr noch: Die *Vier* liegt sogar unverkennbar in Form eines Kreuzes vor mir.

Kreis *und* Kreuz – stehe ich mithin vor dem *Keltenkreuz?* Und das schon rund dreitausend Jahre vor unserer christlichen Zeitrechnung? So weit draußen am westlichen Rand Europas?

Was mag in dieser Symbolik verschlüsselt liegen? Immer wieder stellt sich diese Frage, immer wieder suchen wir nach Antworten. Und ich, der ich immer noch in der Mitte des Steinkreises stehe, schaue mich in alle Richtungen um, ob vielleicht Himmel oder Meer eine Antwort kennen. Aber ich kann keine vernehmen. Da mag der schon angesprochene keltische Schöpfungsmythos vielleicht in die richtige Richtung weisen ...

Lichtschwert Osten – »es werde Licht«.
Speer des Sieges Süden – Feuer/Rauch/Luft.
Kessel der Fülle Westen – Wasser/Leben.
Stein des Schicksals Norden – Erde/Festigkeit.

Vier Symbole, vier Himmelsrichtungen, das Kreuz – ob da Zusammenhänge erkennbar werden?

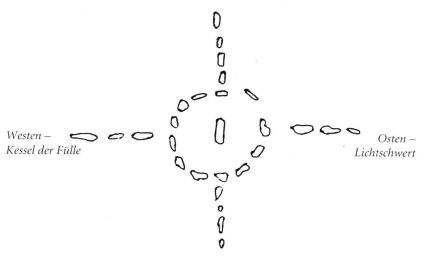

Erst mal raus aus dem Kreis der stummen Steine! In der Cafeteria nebenan gibt's Handfestes gegen Hunger und Durst. Dort treffe ich zwei junge Frauen aus Deutschland. Wir kommen schnell ins Gespräch. Und worüber sprechen wir? Natürlich über das Phänomen von Callanish, über Kreis und Kreuz, über die Symbolik, über das Keltenkreuz. Ich lege meine Gedanken zu der Zahl *Vier* vor, komme auf die *Vier* im keltischen Schöpfungsmythos zu sprechen. Es dauert nicht lange, da sind wir wieder draußen inmitten der Steine, dieses Mal zu Dritt. Wir schauen an den *vier* Steinreihungen entlang in die *vier* Himmelsrichtungen und stellen uns vor, wie die Welt der Reihe nach über *Feuer*, *Luft* und *Wasser* bis zum derzeitigen Zustand *Erde* entstanden sein könnte.

Mit nur wissenschaftlichem Denken werden wir ganz bestimmt nicht nachvollziehen können, wie es wirklich war – damals, als es uns Menschen noch nicht gab. Warum sollten wir da nicht auf einen Mythos zurückgreifen! Zumal auf einen solch farbenprächtigen, wie die keltische Welt ihn uns aus den Tiefen der Zeit überliefert und als kostbares Geschenk hinterlassen hat.

Die Bildner der Erde[2]

In Tir-na-Moe, dem Lande der lebenden Herzen,
sang Briget. Angus, der Ewig-Junge, und Midyir,
der Rothaarige, und Ogma, genannt »Glanz der
Sonne«, und der Dagda und andere Götter
Danas kamen näher zu lauschen.
Brigit sang:
Nun kommt die Stunde, die uns Gott verhieß
und bringt des Wunders Schau.
Ist es ein Stern, der neu geboren, kraftvoll
dringt
aus nächtgem Grau?
Ist's eine Welle, die dem Schönheitsquell ent-
springt
als Freudentau?
Ist es ein Vogel ohne Tod,
der glorreich sinkt zur Erdenau?
Es ist die Welle, steigend, tönend, siegesreich,
brechend im Licht.
Es ist ein Stern, von Lieb erfüllt und Freud,
des Glanz Nächte durchbricht.
Es ist ein Feuer, gottentborn, und Liebe geht
dem Licht voran, und Tod berührt es nicht.

Die Welle breche nur, aufgeh' der Stern,
die Flamme leuchte weit.
Es ist an uns, so unsere Herzen weise sind,
jetzt stark zu sein und zum Empfang bereit.

Brigit hörte auf zu singen, und für eine kleine Weile herrschte Schweigen in Tir-na-Moe. Dann sagte Angus: »Fremd sind die Worte deines Gesanges, und fremd ist die Musik. Sie zog mich jäh herunter aus dem Äther – tief – tief – immer tiefer. Tir-na-Moe war wie ein halb erinnerter Traum. Ich fühlte den Atem fremder Welten auf meinem Angesicht, und dein Gesang wurde mächtiger und mächtiger. Aber du sangst ihn nicht. Wer hat ihn gesungen?«
»Die Erde hat ihn gesungen.«
»Die Erde!« sagte der Dagda. »Ist nicht die Erde auf dem tiefsten Grunde des Chaos? Wer hat je in diesen Abgrund gesehen oder an ihm gestanden zu lauschen, da, wo weder Schweigen ist noch Gesang?«
»O Hirte der Sternenherden, ich habe da gestanden zu lauschen. Mir hat geschaudert in der Finsternis, welche die Erde umhüllt. Ich habe die schwarzen, zischenden Wasser gesehen und die Ungeheuer, die einander verschlingen – ich habe hineingeschaut in den sich windenden, zuckenden Natterngrund der Hölle.«
Das Licht, in dem die Götter Danas atmen, ward getrübt durch den Gedanken an den Abgrund, und sie riefen aus: »Sprich nicht weiter von der Erde, o Flamme der zwei Ewigkeiten, und laß die Gedanken an sie vor dir abgleiten, wie der Traum der Erinnerung entgleitet!«

»O Silberzweige, von keinem Schmerz geschüttelt«, sagte Brigit, »hört noch ein anderes! Die Erde wehklagt jede Nacht, weil sie von der Schönheit geträumt hat.«
»Was für ein Traum, o Brigit?«
»Die Erde hat geträumt von der reinen Stille des Ursprungs, von dem Stern, der dem Sonnenaufgang vorangeht, von einer Musik, gleich der Musik meines Gesanges.«
»O Morgenstern«, sagte Angus, »hätte ich doch nie deinen Gesang gehört, denn nun kann ich die Gedanken an die Erde nicht mehr von mir abschütteln!«
»Warum solltest du die Gedanken von dir abschütteln, Angus, weises Herz? Du hast dich eingehüllt in alle Farben des Sonnenlichts, bist du nicht bereit, in die Finsternis zu schauen und den Donner der Wogen des Abgrunds zu hören? Bist du nicht bereit, Freude in den Abgrund zu bringen?«
Angus antwortete nicht. Er streckte seine Hand aus und pflückte eine Blüte von einem Zweig. Er hauchte die Blüte an und warf sie in die Luft. Sie verwandelte sich in einen wunderbaren, weißen Vogel und umkreiste ihn singend.
Midyir, der Stolze, erhob sich und schüttelte die hellen Locken seines Haares aus, bis er ganz in Strahlen gehüllt war wie in ein goldenes Vlies.
»Ich bin bereit, in die Finsternis zu schauen«, sagte er. »Ich bin bereit, den Donner des Abgrunds zu hören.«
»Dann komm mit mir«, sagte Brigit. »Ich gehe, meinen Mantel um die Erde zu breiten, weil sie von der Schönheit geträumt hat.«

»Ich will einen Platz für deinen Mantel bereiten«, sagte Midyir. *»Ich will ein Feuer zwischen die Ungeheuer werfen.«*

»Auch ich will mit dir gehen«, sagte der Dagda, der auch der Grüne Harfner genannt wird.

»Und ich«, sagte Glanz der Sonne, dessen anderer Name Ogma der Weise ist. *»Und ich«*, sagte Nuada, der Schwinger des Weißen Lichtes. *»Und ich«*, sagte Gobniu, der Wunderschmied, *»wir wollen die Erde neu schaffen.«*

»Viel Glück zu dem Abenteuer!« sagte Angus. *»Auch ich würde mitgehen, wenn ihr das Lichtschwert mit euch nähmet.«*

»Wir werden das **Lichtschwert** *mitnehmen«*, sagte Brigit, *»und den* **Kessel der Fülle** *und den* **Speer des Sieges** *und den* **Stein des Schicksals***, denn wir wollen in die Erde hineingestalten Macht und Weisheit und Schönheit und die verschwenderische Kraft des Herzens.«*

»Das ist gut gesagt«, riefen die Strahlenden alle. *»Wir wollen* **die vier Schätze** *mitnehmen.«*

Ogma brachte das **Lichtschwert** *von Findrias, der wolkengleichen Stadt, die* **im Osten** *der De Danaan-Welt liegt. Nuada brachte den* **Speer des Sieges** *von Gorias, der flammenhellen Stadt, die* **im Süden** *der De Danaan-Welt liegt. Der Dagda brachte den* **Kessel der Fülle** *von Murias, der Stadt, die* **im Westen** *der De Danaan-Welt erbaut ist und die Stille tiefen Wassers hat. Midyir brachte den* **Stein des Schicksals** *von Falias, der Stadt, die* **im Norden** *der De Danaan-Welt erbaut ist und die Festigkeit eines Diamanten hat.*

Dann machten Brigit und ihre Begleiter sich auf den Weg. Sie senkten sich wie ein Sternenregen hernieder, bis sie die Finsternis erreichten, welche die Erde umhüllte, und hinunterschauend sahen sie unter sich, wie auf einem Höllengrund, das sich windende, zuckende, gräßliche Leben, das da wimmelte und wühlte und sich selbst unaufhörlich verschlang.
Vor dem siedenden Wirrwarr dieses Abgrunds wichen die Strahlenden alle zurück, nur Midyir nicht. Er ergriff den feurigen Speer und stieg in die Tiefe wie eine Flamme.
Seine Begleiter schauten hinunter und sahen, wie er das Leben der Ungeheuer zertrat gleich einem Keltertreter, der Trauben preßt. Sie sahen, wie das Blut und der Schaum der Zerstörung an Midyir aufstiegen und ihn rot färbten bis zum Scheitel.

Sie sahen wie er
den Speer
im Kreise schwang, bis der zu einem Feuerrad wurde, das Funken und Flammenzungen von sich sprühte. Sie sahen, wie die Flammen die Finsternis verzehrten, in sich zurückfielen und sich ausbreiteten, blühten – dunkelrot – blutrot – rosenrot zuletzt.
Wie der Glanz eines Rubins stieg Midyir aus dem Abgrund hinauf und sagte: »*Ich habe einen Platz bereitet für Brigits Mantel. Wirf deinen Mantel hinunter, Brigit, und segne die Erde!*«

Brigit warf ihren Mantel hinab, und als er die Erde berührte, breitete er sich aus und entrollte sich wie eine Silberflamme. Er nahm den Platz, den Midyir bereitet hatte, in Besitz, wie das Meer Besitz ergreift, und breitete sich immer weiter aus, weil alles, was unrein war, zurückwich vor den kleinen Silberflammen an seinem Rande. Er hätte sich wohl ganz um die Erde gebreitet, wenn nicht Angus, der Jüngste der Götter, die Geduld verloren hätte, länger zu warten. Er sprang hinunter und stellte sich mit beiden Füßen auf den Mantel. Der hörte auf, Feuer zu sein und verwandelte sich in Silbernebel. Angus rannte durch den Nebel und lachte und ermunterte die anderen, ihm zu folgen. Die wurden von seinem Lachen angezogen und folgten ihm. Der treibende Nebel verdichtete sich um einen jeden von ihnen, und jeder sah den anderen wie ein Traumbild – verwandelt und unwirklich. Sie lachten, als sie sich so sahen.

Der Dagda griff mit beiden Händen in den **Kessel der Fülle.**
»Kessel«, rief er, »du gibst einem jeden die Gabe, deren er bedarf. Gib mir nun ein Geschenk, das der Erde geziemt.«
Dann zog der seine beiden Hände heraus, gefüllt mit grünem Feuer, und er streute die Grüne aus, wie ein Sämann den Samen sät. Angus bückte sich und hob die Grüne der Erde auf. Er schaufelte Täler aus und schichtete Hügel auf und spielte mit ihr, wie ein Kind mit

Sand spielt. Und wenn die Grüne durch seine Finger glitt, wechselte sie die Farbe und strahlte wie Sternenstaub – blau und purpurn und gelb und weiß und rot.

Während nun der Dagda das smaragdfarbene Feuer säte und Angus damit spielte, gewahrte Mananaun, daß das verbannte chaotische Leben sich aufgerichtet hatte und über den Rand von Brigits Mantel schaute. Er sah durch die Finsternis die höhnenden, starrenden Augen nie gesehener Kreatur.

Und er zog sein
Lichtschwert
aus der Scheide und senkte es gegen das Chaos. Das gräßliche Leben flüchtete unter Zischen und Schäumen, aber das Meer erhob sich, um das Schwert zu grüßen, in einer großen, schäumenden, donnernden Woge. Mananaun schwang das Schwert ein zweites Mal. Und wieder erhob sich das Meer in einer Woge, grün wie ein Chrysolith, am Rande gesprenkelt mit amnethystfarbenem, purpurnem und blau-weißem Schaum.

Ein drittes Mal schwang Mananaun das Schwert. Und das Meer erhob sich, es zu grüßen, in einer Woge, weiß wie Kristall, ungebrochen, von reiner Dauer erfüllt, still wie der Urbeginn.

Langsam fiel die Woge in das Meer zurück, und Brigit hob ihren Mantel auf wie einen Silbernebel. Da sahen die De Danaans alle Dinge klar. Sie sahen, daß sie sich auf einer Insel befanden, die bedeckt war mit grünem Gras und voll von Höhen und fremdartig ausgeschaufelten Tälern und sich windenden Wegen. Sie sahen auch, daß das Gras voll war von Blumen – blau und purpurn und gelb und weiß und rot.

»Lasset uns hier bleiben«, sprachen sie zueinander, »und Dinge schaffen, voll von Schönheit, auf daß die Erde froh werde.«

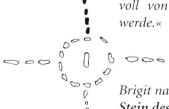

Brigit nahm den
Stein des Schicksals
in ihre Hände. Er leuchtete rein wie ein Kristall.
»Ich will den Stein an diesem Ort versenken«, sagte sie, »damit ihr ein Reich habet.«
Sie legte den Stein auf das grüne Gras, und er sank in die Erde. Musik stieg auf um ihn, als er niedersank. Und plötzlich waren alle die ausgehöhlten Täler und die sich windenden Wege mit Wasser gefüllt, mit Strömen, die sprangen und funkelten, mit Seen und tiefen Teichen, deren Erzittern nach und nach in Stille überging.
»Das ist das Lachen der Erde«, sagte Ogma, der Weise. Angus tauchte seine Finger in das Wasser. »Ich möchte die blauen und silbernen Fische, die da schwimmen in Conlas Quelle, hier schwimmen sehen«, sagte er, »und Bäume sollten wachsen in diesem Lande, wie jene Bäume mit blühenden Zweigen, die da wachsen im Lande des Silbernen Vlieses.«

»Das ist ein eitler Wunsch, Angus«, sagte Ogma, »die Fische in Conlas Quelle sind zu leuchtend für dieses Wasser. Und die Blüten, die wachsen an den Silberzweigen, würden hier welken. Wir müssen warten und die Geheimnisse der Erde erlernen und allmählich dunkle und fremde Bäume formen und Fische, die den Fischen von Conlas Quelle nicht gleichen.«

»Ja«, sagte Nuada, »wir wollen andere Bäume formen, und unter ihren Zweigen sollen Hunde gehen, die den Hunden von Failinis nicht gleichen, und Hirsche, die keine Geweihe aus Gold haben. Wir wollen uns selbst zu Schmieden und Bildnern dieser Welt machen und das fremde Leben drüben herausschlagen und in neue Gestalten zwingen. Wir wollen Inseln für uns machen im Norden dieser Welt und Inseln im Westen, und die drei Wogen des Mananaun sollen auch sie umspülen, denn wir wollen die Dinge formen und umformen, bis nichts mehr zurückbleibt auf der ganzen Erde, was noch unschön ist.«

»Das ist ein gutes Werk!« riefen alle die De Danaans aus. »Wir wollen bleiben und es vollenden. Aber Brigit muß gehen nach Moy Mell und Tir-na-Moe und Tir-nan-Oge und Tir-fo-Tonn und zu all den anderen Welten, denn sie ist die Flamme der Freude in einer jeden von ihnen.«

»Ja, ich muß gehen«, sagte Brigit.

»O Brigit!« sagte Ogma. »Bevor du gehst, knüpfe einen Knoten der Erinnerung in den Saum deines Mantels, auf daß du dich immer

> *an diesen Ort erinnerst. Und sage uns auch, wie wir diesen Ort benennen sollen.«*
> *»Ihr sollt ihn die Weiße Insel nennen«, sagte Brigit, »und sein anderer Name soll sein Insel des Schicksals.«*
> *Dann knüpfte Ogma einen Knoten der Erinnerung in die Fransen von Brigits Mantel.*

Voller Farbenpracht ist diese Mythe. Es wogt hin und her. Alles ist in Bewegung, Stillstand gibt es nicht. Genau so zeigt sich uns diese reale Welt, wenn wir aus *Kreis und Kreuz von Callanish* hinausschauen auf die Umgebung. Dort mischen sich Himmel und Erde, Wolken und Wogen, Blau und Weiß und Grün zu dem, was wir unsere Erde nennen. Sieben Götter aus dem Geschlecht der Göttermutter *Danu* (in der Mythe Brigit) haben sie geschaffen. Und als heilige Zahl ruht die Sieben auch über Callanish. Der Kreis, das Unendliche, ist symbolhaft in der Drei ausgedrückt; die Vier ist im Kreuz erkennbar. Wo die Drei und die Vier sich begegnen, wird die Sieben geboren.

Zahlen sind nicht nur Maß- und Meßeinheiten, ihr inneres Wesen erschließt sich oft viel mehr aus gängigen Redensarten wie zum Beispiel »die Sieben ist eine Glückszahl«. Zur tieferen Bedeutung der Sieben sagt Heinrich E. Benedikt[3] in seinem Buch *Die Kabbala als jüdisch-christlicher Einweihungsweg*: »Sieben ist die Zahl des vollständigen, des kosmischen Menschen. Er ist über seine irdische Natur (Vier) hinausgewachsen, hat Herrschaft über die fünf Sinne erlangt und die Lust des Fleisches (Sechs) gemeistert. Er ist über seine Triebnatur hinausgewachsen und hat sein Bewußtsein in der geistigen Welt (geistige Natur – der Autor), im Universum etabliert. Er ragt mit dem Kopf über Raum und Zeit hinaus, und sein inneres Auge schaut die andere Welt, hat Einblick in ihre Mysterien und Gesetze.«

Die Sieben, in unserer Mythe durch die sieben Götter des Geschlechtes der Danu verkörpert, ist demnach im wahrsten Sinne des Wortes eine Glückszahl.

Wie aber ist dann die Dreizehn, im Volksglauben als unglücksbringende Zahl bekannt und im Kreis von Callanish mit dreizehn Steinen vertreten, zu beurteilen? »Nun schlägt's aber Dreizehn« sagen wir, wenn uns Unzumutbares aufgebürdet wird. Aber das war nicht immer so: In der Antike, selbst noch im Mittelalter, galt die Dreizehn als Bekräftigung der Zwölf, die ihrerseits (im Kreis dargestellt) Vollkommenheit ausdrückte. Im Volksmärchen gibt es zum Beispiel als dreizehnte Figur die Schwester von zwölf Brüdern. Jakob, der Patriarch des Alten Testaments, war im Kreis seiner zwölf Söhne die dreizehnte Person. Das gleiche Bild haben wir bei Christus und seinen zwölf Aposteln vor uns. Und selbst heute noch setzt sich ein Gericht aus einem Richter und zwölf Schöffen zusammen. Auch die Kelten räumten der Dreizehn einen hohen Stellenwert ein, indem sie dreizehn heilige Bäume als Kreisfigur in ihr kosmologisches Weltbild einfügten.

Dreizehn heilige Bäume in einem Kreis ... genau so stehen die dreizehn Monolithe im Kreis von Callanish vor dem Besucher.[4]

Vor zwei Tagen hatte ich beim Landeanflug auf Stornoway nicht ausmachen können, wo die Wolken aufhörten, wo die Meereswogen begannen – so schnell und so turbulent schienen die beiden Elemente Wasser und Luft in der Begegnung zu verschmelzen.

Nun hatte ich hier bei den Callanish Stones im Raum zwischen Himmel und Erde *erlebt*, wie Kreis und Kreuz sich begegnen und zu einem Symbol verschmelzen – zum *Keltenkreuz*.

---

1 Ernst Uehli, *Nordisch-Germanische Mythologie*, Mellinger Verlag
2 Abdruck mit freundlicher Genehmigung des Mellinger Verlags
3 Heinrich E. Benedikt, *Die Kabbala als jüdisch-christlicher Einweihungsweg*, Bauer Verlag
4 Betrachtungen in Anlehnung an Franz Carl Endres/Annemarie Schimmel, *Das Mysterium der Zahl*, Diederichs Gelbe Reihe

Gedanklicher Exkurs daheim (1) ...

Wieder einmal war eine Reisesaison zu Ende gegangen. Als Reiseleiter, teils aber auch als privater Reisender, war ich zwischen Schottland und Cornwall, zwischen Wales und Irland vielen Keltenkreuzen begegnet; sie waren mir inzwischen das Sinnbild für keltische Kultur schlechthin geworden. Den wohl tiefsten Eindruck hatte bei mir die Tatsache hinterlassen, daß ich das Mandala von Kreis und Kreuz in den Monumenten Newgrange in Irland und Callanish auf den Äußeren Hebriden bis in die jüngere Steinzeit zurückverfolgen konnte. Gab es das Keltenkreuz mithin lange bevor die Kelten auf der Bühne europäischer Geschichte ihre Rolle zu spielen begannen?

Newgrange, Callanish ... Ich saß daheim, umgeben von Reisefotos und von Büchern. Erinnerungen wurden wach, die Vorstellungskraft begann Bilder zu zeichnen:

Als die beiden Monumente Newgrange und Callanish errichtet wurden, waren Kreis und Kreuz als Muster gesehen horizontal ausgerichtet; das Muster *lag* auf der Erde, der Mensch konnte hineingehen in Kreis und Kreuz, in ihnen verweilen, aus ihrem Innenraum heraus Beobachtungen auf das äußere Weltgeschehen machen, daraus Schlußfolgerungen ableiten und so sein Wissen festigen. In Newgrange stellte er sich in das *Kreuz* und wartete jeweils am Jahresende darauf, daß die aufgehende Sonne einen Licht*kreis* in das Kreuz hineinzeichnete und somit Gewißheit verschaffte, daß alles Leben unendlich (Kreis) ist. In Callanish war es umgekehrt: Die festgefügte Position war (als erster Eindruck jedenfalls) der *Kreis;* aus ihm heraus konnte der Mensch beobachten, daß auch auf die irdischen Elemente (symbolisiert im

Kreuz), zum Beispiel auf die Regelmäßigkeit der Mondphasen und auf die davon abhängigen Gezeiten von Ebbe und Flut, Verlaß sei. Bei beiden Monumenten, in Newgrange und in Callanish, machte der Mensch seine Beobachtungen von innen nach außen; mal aus dem *Kreuz*, mal aus dem *Kreis* heraus. Immer stand er *im* jeweiligen Symbol, war magisch eingebunden in das große kosmische Geschehen. war selbst Teil des Geschehens. Er erkannte nicht, er *erlebte*. So mag es gewesen sein – damals, vor rund fünftausend Jahren, als die Megalith-Kultur in ihrer Blüte stand.

Dann, etwa um eintausend vor der Zeitenwende, welkten die Blüten dieser großen Kultur dahin. Was war geschehen? Wer waren die Träger dieser Megalith-Kultur gewesen? Was oder wer hatte ihren Untergang verursacht? Wir wissen es nicht, wir können nur mutmaßen; denn unsere Ahnen am nordwestlichen Rand Europas haben uns keine schriftlichen Berichte hinterlassen.

Allerdings können unsere Archäologen uns mit wissenschaftlich exakten Meßmethoden sagen, daß die großen Denkmäler dieser Kultur wie zum Beispiel Newgrange und Callanish rund eintausend Jahre älter sind als die ältesten ägyptischen Pyramiden. Das läßt aufmerken: Die angeblich »barbarische« Welt an den nordwestlichen Gestaden des Atlantiks soll die ältere Kultur sein, älter als die vielgerühmte ägyptische? Das ist gar nicht so abwegig – hatten ägyptische Priester dem griechischen Weisen Solon doch von einem großen expansiven Reich jenseits der Säulen des Herakles, also westlich von Gibraltar, und somit von einem Reich an atlantischen Gestaden, erzählt. Sie hatten nicht nur davon erzählt, sondern Solon sogar Dank dafür bezeugt, daß seine griechischen Ahnen mit ihrer Kriegerschar aus dem Osten den gegen Ägypten gerichteten Expansionsstoß der »Atlanter« Einhalt geboten hatten. Was hier zwischen ägyptischen Priestern und dem griechischen Weisen Solon geplauscht und von diesem nach seiner Rückkehr nach Athen berichtet wurde, ist Gegenstand von Platons Atlantis-Sage[0]. Begegnet uns demnach in der Megalithkultur des nordwestlichen Europas das legendäre Reich der Atlantis? Der Sage zufolge Ist Atlantis doch aber in den Fluten des gleichnamigen Meeres untergegangen ... ?

> *Der Gott der Götter aber, Zeus ...*
> *beschloß, ... sie* [die Bewohner der Atlantis]
> *durch Strafe zu züchtigen,*
> *auf daß sie dadurch zur Besinnung gebracht*
> *und gebessert würden.*

... mit dieser Aussage endet die Atlantis-Sage des Platon. Merkwürdig: Gott Zeus züchtigt, um zur Besinnung zu bringen und zu bessern, nicht um zu vernichten! Kein Untergang also?

Wie oft sprechen wir vom Untergang einer Kultur und meinen damit lediglich, daß sie dahingewelkt, von einer anderen abgelöst wurde, nicht unbedingt geologisch untergegangen sein muß. Genau so könnte es der Megalithkultur, dem Reich der Atlantis (?) im Nordwesten Europas, ergangen sein. In der Tat behaupten sowohl Historiker als auch Archäologen, daß kriegerische Eindringlinge aus den Räumen Vorderasiens (die Vorfahren des Solon) zwischen zweitausend und eintausend vor unserer Zeitrechnung in die Küstenregionen des atlantischen Ozeans eingedrungen seien und die heimische Bevölkerung nach und nach zurückgedrängt haben.

Ist der »Untergang« von Atlantis demnach nur ein Mythos, kein geologisches Geschehnis? Dann aber dürften wir in unserem heutigen Europa ja das legendäre Atlantis wiedererkennen ... !

Die Menschen der Megalithkultur, unsere Atlanter, dürften auf einer anderen als der heutigen Bewußtseinsebene gelebt haben. Ihre Vorstellung von sich selbst wird das *Wir* gewesen sein. Wir – Mensch *und* Kosmos, Mensch *im* Kosmos. Das *Wir* verbindet, macht bereit für gemeinsame Aufgaben. Nur aus gemeinsamer Überzeugung und aus gemeinsamer Tatkraft heraus konnten solche gewaltigen Monumente wie Newgrange und Callanish entstehen. Es muß Antrieb aus eigenem Willen hinter dieser grandiosen Leistung gestanden haben. Wären

Sklaven befehligt worden, hätten die Archäologen Massengräber in der Nähe der großen Megalith-Monumente gefunden, wie das bei den ägyptischen Pyramiden der Fall war.

Kreis und Kreuz richten sich auf.
Die Einwanderer aus dem Osten, die neuen Herren, waren Eroberer, waren Krieger. Ihre Welt war die der Konfrontation. Konfrontation erwächst aus dem Gegenüber von *Ich und Du*. Das die Gemeinschaft tragende und das mit dem Kosmos verbindende *Wir* der Atlanter trat in dem Maße ins Dunkel der Geschichte zurück wie die Einwanderer mit ihrem Bewußtsein von *Ich und Du* an Bedeutung gewannen.

Und was geschah mit den großen Megalith-Monumenten? Was wurde aus der Symbolik von *Kreis und Kreuz*? Was den Atlantern heilig gewesen war, überlebte. Es konnte zwar geschehen, daß der Eingang zu einem Heiligtum zugeschüttet wurde, wie das zum Beispiel in Newgrange geschah; aber es kam auch vor, daß die neuen Herren ein sakrales Monument übernahmen und es sogar ausbauten, wie das Beispiel Stonehenge in Südengland deutlich macht.

Ich und Du sind gesonderte Individualitäten, ihre Standpunkte sind die des Gegenüber. Wenn sie sich erkennen wollen, müssen sie sich aufrichten und sich einander zuwenden.

Genau das geschah mit *Kreis und Kreuz*. Der Mensch war nach und nach aus den Symbolen herausgetreten und hatte sich vor sie hingestellt. Das wird sich zunächst nur im Bewußtsein vollzogen haben; aber unter der Herrschaft der später dann eingewanderten Kelten stehen wir in den frühen christlichen Jahrhunderten immer häufiger dem aufgerichtetem Stein mit der Symbolik von *Kreis und Kreuz* von Angesicht zu Angesicht gegenüber – das Keltenkreuz war geboren! ...

Von den Kreis-Kreuz-Symbolen, die den Übergang von der horizontalen zur vertikalen Ausrichtung, von der archaisch-magischen zur magisch-mythischen Bewußtseinsstufe (Jean Gebser)[1], am deutlichsten erkennbar machen, sind die frühen Keltenkreuze von Whithorn in Südschottland und von Carndonagh im Nordwesten Irlands wohl die repräsentativsten Beispiele.

Ihrer aufrechten Gestalt ist bezüglich der Symbolik von Kreis *und* Kreuz noch eine gewisse Unbeholfenheit anzusehen. Bei der Betrachtung von Fotos und Zeichnungen vermeinte ich im Monument von Whithorn nur den Kreis zu sehen, in dem von Carndonagh konnte ich einstweilen nur das Kreuz erkennen.

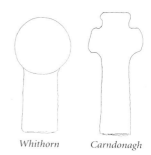

Whithorn   Carndonagh

Fotos und Abbildungen mögen informativ und hilfreich sein – das »Gespräch« mit dem Original vor Ort können sie nicht ersetzen.

Also wurde mir der Platz im Sessel, umgeben von Büchern, zu eng. Ich mußte die Monumente in Whithorn und in Carndonagh erleben.

Gibt es einen besseren Grund, wieder einmal auf Reisen zu gehen, den Pilgerpfad zum Keltenkreuz zu betreten?

[0] Helmut Tributsch, *Die gläsernen Türme von Atlantis,* Ullstein Verlag
[1] Jean Gebser, *Ursprung und Gegenwart,* Deutscher Taschenbuch Verlag

Whithorn:
Wiege britischer Christenheit.

Immer, wenn ich nach Schottland gefahren war, hatte ich für das englisch-schottische Grenzgebiet keine Zeit gehabt, unwiderstehlich war stets der Ruf der Highlands hinauf zum Norden gewesen. (Den meisten Schottland-Reisenden geht das so.)

Aber dieses Mal hieß der Ruf »Whithorn«, »Candida Casa«, »Ninian«. Das sind drei Namen, die unverwechselbar mit dem christlich-kulturellen Erbe des südwestlichen Schottland verknüpft sind. Sie stehen für *ein* geschichtliches Ereignis: Für den Anfang des etablierten keltischen Christentums.

Es war November. Die Wetterpropheten hatten für die nächsten Tage, ungewöhnlich für diese Jahreszeit, trockenes und sonniges Wetter angekündigt. Als ich im Tal des Tweed, dem englisch-schottischen Grenzfluß ankam, begrüßte mich tatsächlich sonniges Wetter. Zunächst besuchte ich im Tal des Tweed die Ruinen der vier berühmten Abbeys, machte Sir Walter Scott, dem schottischen Romancier aus der Zeit Goethes, in Abbotsford meine Aufwartung, wandelte auch noch auf den Spuren von Robert Burns, dem wohl volkstümlichsten Dichter der Schotten. Aber endlich war dann Whithorn, das eigentliche Ziel meiner Reise, dran.

Als ich in Whithorn durch den Torbogen ging, der zur Whithorn Priory führt, wurde ich auf sehr denkwürdige Art daran erinnert, daß ich auf schottischem Boden war: Auf der linken Wand des Durchgangs zeigte ein großformatiges Bild, wie Elisabeth II., die derzeitige englische Königin, nach Whithorn gepilgert kommt, um dieser heiligen Stätte

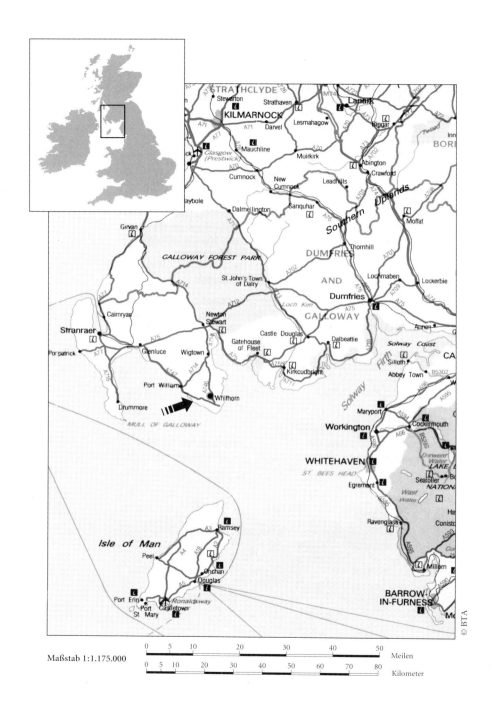

frühen Christentums in Britannien ihre Reverenz zu erweisen. Aber an der Stelle im Bild, wo der Schriftzug Elisabeth II. (die Zweite) eingefügt ist, haben nationalistische Schotten die römische Zwei mit einer Eins (I) überpinselt, um so, nach noch rund vierhundert Jahren, deutlich zu machen, daß die königliche Elisabeth des Mittelalters erbrechtlich keine Legitimation hatte, daß die Anwärterin auf den englischen Thron vielmehr die schottische Königin Maria Stuart war, die jetzige Königin folglich nicht die II. sondern die I. Elisabeth sei. Wenn das nicht eine interessante Lektion englisch-schottischer Geschichte war! (Bei einem Besuch Jahre später war aus Anlaß der 1.600-Jahrfeier von St. Ninian das Bild übermalt.)

Nach wenigen Schritten war diese aufschlußreiche »Geschichte« erst einmal beiseite geschoben – ich stand inmitten der Ruinen von *Candida Casa,* dem »weißen Haus«, das an dieser Stelle um 400 n.Chr. von Ninian, einem christlichen Mönch britischer Herkunft, errichtet worden war. Was da jetzt zu sehen war (Steinmauern, Giebel, Torbögen, Grabplatten), hatte allerdings mit der ursprünglichen Candida Casa nicht mehr viel zu tun – Wetter und Wirren der Jahrhunderte hatten das ursprüngliche Gemäuer bis auf Reste, die die Archäologen inzwischen freigelegt haben, für unsere Augen unkenntlich gemacht. Nicht aber für unser Gedächtnis: Von den Aufzeichnungen früher Mönche wissen wir, daß Ninian von hier aus seine ersten Bemühungen unternommen hatte, den piktischen Norden der britischen Insel zu christianisieren. Aber Ninian war Kelte, und Kelte sein hieß, daß er für zentralistische Organisationsformen, wie das römische Christentum sie praktizierte, keinen Sinn hatte. So kam es, daß Ninian sich, obwohl in Rom ordiniert, am Beispiel des Hl. Martinus, den er auf seiner Rückreise von Rom in Gallien aufgesucht hatte, ausrichtete. Nicht die Kirche mit bischöflicher Lehr- und Amtsbefugnis war sein Ideal mönchischen Lebens, sondern die ungezwungene Gemeinschaft von frommen Menschen schlechthin, von Mönchen *und* von Laien. So hatte er es bei Martinus, dem Gefolgsmann ägyptischer und syrischer Asketen, erlebt und schätzen gelernt.

Hier in Whithorn hatte Ninian im Jahre 397 n.Chr. sein Gotteshaus errichtet. Nicht Holz verwendete er, wie zu der Zeit üblich; er baute aus Stein und überzog seine kleine Kirche mit einem weißen Kalkbewurf. »Candida Casa – weißes Haus« sollen Besucher, die sich vom Land und vom Wasser her näherten, voller Bewunderung ausgerufen haben. In ihrem Buch *Gottes gelehrte Vaganten* erzählt Ingeborg Meyer-Sickendieck[0], daß ein aus Frankreich angereister Mönch noch im Jahre 1003 das Kirchlein in blendend weißer Pracht angetroffen und deshalb ausgerufen haben soll: »Und mir war, als ob die ganze Erde, sich schüttelnd, ihr Alter abgeworfen und sich ins Weiß der Kirche gekleidet hätte«.

Ein Haus aus Stein – das war neu! Neu war auch, daß Ninian der von den Kelten so hoch verehrten Gottheit des Righ nan Dul (König der Elemente) eine andere Deutung gab als sie bisher gehabt hatte. Der Righ nan Dul war nun nicht mehr die *gedachte* Gottheit der kosmischen Mitte; der keltische »König der Elemente« hatte faßbare und sichtbare Gestalt angenommen, war Mensch geworden, war geschichtlich in Palästina geboren und dort (wenngleich sehr schmählich) auch gestorben. *Christus* – so war der Ehrentitel dieses Mensch gewordenen »König der Elemente« von nun an.

Was Ninian da den Menschen zu erzählen wußte, war im Grunde nichts Neues; denn der Righ nan Dul blieb was er war, nämlich die Gottheit der Versöhnung, die ihren Sitz in der ausgleichenden Mitte hatte. Die den Kelten vertraute Gottheit war lediglich »aktualisiert« worden.

Und das Wort ist Fleisch geworden
und hat unter uns gewohnt.

Ninian konnte so predigen, ohne in seinem Land auf ernsthafte Feindseligkeiten zu stoßen. Bis hinauf zum Norden Schottlands erstreckten sich seine Missionsreisen.

Sein Erfolg war jedoch nicht von Dauer; denn als Anfang des fünften Jahrhunderts das große Rom seine schützende Hand von der Provinz

Britannia wegen Sorgen im eigenen Land zurückziehen mußte, zerfiel die römische Ordnung. Macht hatte jetzt wieder, wer sie sich nahm. Sippe kämpfte gegen Sippe – so wie es immer schon gewesen war.

Die Saat, die Ninian gesät hatte, war zwar aufgegangen, konnte aber nicht reifen, die Ernte nicht eingebracht werden. Das gelang hundertfünfzig Jahre später erst *Columba* von dessen Missionszentrum Iona aus.

Ninian und seine Nachfolger predigten nicht nur von Christus, vom »zeitgemäßen« Righ nan Dul, sie lehrten auch das profane Wissen ihrer Zeit. Was nach dem Abzug der Römer an weltlicher Bildung in Gefahr geraten war, wurde in Candida Casa, dem turbulenten Zeitgeist zum Trotz, behütet und gepflegt. Und so kam es, daß schon bald Wissensdurstige aus Britannien, aber auch vom Kontinent, am Tor von Candida Casa anklopften und bei Ninian und seinen gelehrten Nachfolgern um Unterweisung nachsuchten. Einer der Schüler, Endan von Irland, war berufen, diese Tradition nach Irland hinüberzutragen. Dort, auf den windumtosten Aran Inseln draußen im Atlantik, gründete er eine Lehranstalt, der wiederum gelehrte Mönche wie Finian von Clonard, Kieran von Clonmacnois, Brendan von Clonfert und Columcille von Iona entwachsen sollten.

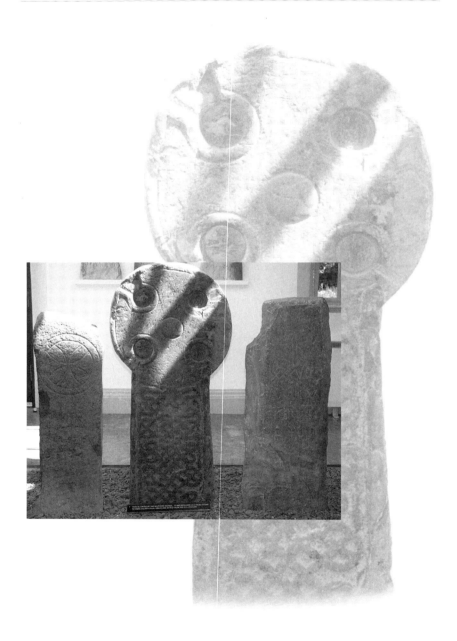

Ich stehe noch immer in dem alten Gemäuer von *Whithorn Priory*, lasse meinen Blick über die Grabsteine schweifen und suche – suche nach dem *Whithorn Cross*, das ich zu Haus in Büchern bewundert hatte und dessentwegen ich ja hierher nach Whithorn gekommen bin.

Wo also ist denn nun dieses *cross*? Ich kann es hier draußen im Gelände nicht finden. Überall stehen nur Grabsteine aus späteren Jahrhunderten umher; aber das gesuchte *cross* sehe ich nicht. Eine Gruppe von Schülern und Schülerinnen steht etwas abseits und lauscht den Ausführungen ihres Lehrers. Der Mann wird mir weiterhelfen können: »Ich suche das *cross*, das auf dem Schaft kein Kreuz sondern einen Kreis zeigt – Sie wissen, was ich meine?« »Ja, ja – das *Scheiben*kreuz. Da müssen Sie drüben ins Museum gehen, dort sind die bekannten Whithorn-Exponate ausgestellt.« *Scheiben*-Kreuz? Ich mußte dem Mann recht geben. Hatte ich nicht ähnlich empfunden, als ich dem Whithorn Cross daheim in Büchern begegnet war?

Das Museum innerhalb des *Priory*-Geländes ist ein niedriges Haus. Ich trete ein, muß nicht lange suchen, und da steht auch schon das Whithorn Cross vor mir. Es ist viel kleiner als Fotos und Skizzen es mir vermittelt hatten; es mag allenfalls 1,50 Meter hoch sein, nicht mehr. Aber seine Erscheinung ist eindrucksvoll und ausgesprochen dominant, deshalb wohl wirkt es wesentlich größer als es wirklich ist. Der Eindruck von Größe kommt wohl auch deshalb auf, weil das Museum nur aus einem einzigen Raum besteht und weil das *cross* genau in der Mitte verschiedener anderer Steine seinen Platz hat. Durch ein Dachflächenfenster wirft die Sonne gleißendes Licht über das *cross*, so daß der Stein noch mehr Ausdruck bekommt, als er ohnehin schon hat.

Zweifelsfrei ist die Gestalt des Monumentes ein Schaft, der sich nach oben hin zu einer kreisrunden Scheibe erweitert – das ist die spontane Wahrnehmung. Daß diese Scheibe in vier Segmente aufgeteilt ist, ändert vorerst nichts an der Tatsache, daß ich eine kreisrunde Scheibe vor mir habe; mehr will sich mir nicht mitteilen – zunächst jedenfalls nicht. Wenn ich mich dann aber einen Augenblick abwende, den flächigen Kreis ignorieren *will*, das Monument dann erneut betrachte, stelle ich fest, nunmehr ein anderes Symbol zu erkennen, nämlich das Kreuz. Wie kann sich ein Zeichen für den gleichen Betrachter von einem zum anderen Augenblick vom Kreis zum Kreuz wandeln und wieder zurück vom Kreuz zum Kreis!

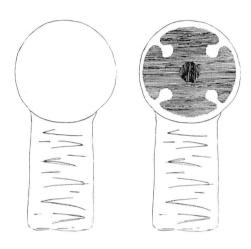

Zauberei, Magie? Hermann Hesse hat auf diese Frage eine Antwort gewußt:

> *Das ist Magie:*
> *Außen und innen vertauschen,*
> *nicht aus Zwang, nicht leidend,*
> *sondern frei, wollend.*
> *Rufe Vergangenheit, rufe Zukunft herbei:*
> *beide sind in dir!*
> *Du bist bis heute der Sklave*
> *deines Innern gewesen.*
> *Lerne sein Herr sein.*
> *Das ist Magie.*

Sklave sind wir demnach, wenn wir uns stumpfsinnig zwischen Entweder-Oder, zwischen Kreis und Kreuz, zwischen außen und innen, entscheiden und damit Konfrontation verewigen. Herr der im eigenen Innern angelegten Fähigkeiten werden wir, wo wir hinter den *scheinbaren* Gegensätzen das Eine, den gemeinsamen Ursprung, erkennen; wenn wir Außen und Innen, wenn wir Kreis und Kreuz als austauschbar betrachten, beiden Erscheinungen gleiche Bedeutung beimessen können. Das erfordert Mühe, mindestens die Mühe eines zweiten Versuchs. Aber es geht – in Whithorn, im Museum der alten Abtei des Ninian, wird mir das bei der Betrachtung eines der ältesten Keltenkreuze ins Bewußtsein gerückt.

Wer mag dieses Whithorn Cross gefertigt haben? Aus welchem Anlaß? Keine Chronik weiß auf diese Fragen eine Antwort. Aber die Fragen bleiben; also bemühe ich meine Phantasie und versuche mir vorzustellen, wie es gewesen sein *könnte:*

Fintan, der Abt von Candida Casa, hockte auf der Schwelle seiner Hütte. Er beschattete seine Augen mit der Hand und richtete seinen Blick auf den schmalen Strich zwischen blauem Himmel und den weiten grünen Weiden, so als suche er hinter dem Horizont nach Antwort auf eine Frage, die ihn sehr zu bekümmern schien. Wie sollte er, Fintan, es nur anstellen, nicht nur seine Brüder in der Klostergemeinschaft immer wieder aufs Neue auf Christus auszurichten, sondern auch die Bauern und Fischer draußen in der Umgebung davon zu überzeugen, daß nur der *Eine* anzubeten sei! Wie hatten seine Vorgänger es nur geschafft, diesen widerspenstigen Pikten und Skoten die *Gute Nachricht* nahezubringen, ohne Feindseligkeiten auszulösen, ohne Gräben zwischen dem Alten und dem Neuen auszuheben?

Ninian, der Gründer seiner Abtei, war schon vor mehr als zweihundert Jahren in die andere Welt hinübergegangen – seit dem war viel geschehen ... Die Römer waren gegangen. Die Jüten und Sachsen, zuvor von den Römern zur Unterstützung gegen Pikten und Skoten ins Land geholt, waren geblieben. Nicht nur das: Sie hatten Artus, den großen Heerführer der Kelten, nach Wales zurückgeworfen. Mit dieser Niederlage war auch der renommierte Druide Merlin seines Nimbus beraubt worden; seither schlief er den ewigen Schlaf hinter einer Schwarzdornhecke ... so konnte man die Leute an den langen Winterabenden an den Feuerstellen erzählen hören. Trotz dieser großen Umwälzungen hatte Columba von Iona aus fortgesetzt, was Ninian begonnen hatte. Aber mit Columbas Tod im Jahre 597 war bei der Christianisierung des nordwestlichen Europas »Konkurrenz« aus den eigenen Reihen aufgetreten: Der Papst in Rom, der Große Gregor, hatte Augustin ins südliche Britannien entsandt, damit er dort Herrscher und Volk für das *römische* Christentum gewinne. Im Jahre 432, dem Todesjahr des Ninian, hatte Papst Coelestin schon einmal versucht, den Kelten die römische Art von Christentum überzustülpen. Damals hatte er *Patrick* geschickt, damit die Kelten, die bereits Christen waren, einen Bischof bekämen. Aber die Kelten wollten ihre Druiden und ihre Äbte behalten, sich nicht der Obrigkeit von Bischöfen unterstellen. Mit deren Katalog von Geboten und Verboten mochten sie sich nicht anfreunden. Die Lehre von der Erbsünde und von gnadenloser Vorherbestimmung menschlicher Geschicke durch den christlichen Gott war ihnen zutiefst suspekt; sie hatten es mehr mit der Auffassung ihres keltisch-christlichen Mönchs Pelagius gehalten, der dem Gerede von »Erbsünde« und »Vorherbestimmung« vehement seine Überzeugung vom »freien Willen« jedes Menschen entgegengehalten hatte.

Fintan, dem Abt von Candida Casa, gingen alle diese wirren geschichtlichen Ereignisse durch den Kopf. Er wußte, daß man es diesem Hitzkopf *Pelagius* zu verdanken hatte, daß er und andere keltische Äbte in Rom als »Pelagianer« verfemt und verketzert waren. Gewiß: Pelagius hatte Recht – nichts geht über den freien Willen des Menschen! Aber hätte es nicht genügt, diese Überzeugung unauffällig zu praktizieren? Mußte das auf den Plätzen von Rom so laut herausgeschrieen werden? Mußte Pelagius sich unbedingt mit den großen römisch-christlichen Philosophen seiner Zeit, mit Augustinus und mit Hieronymus, anlegen?

Aber nun war es geschehen: Rom hatte nicht vergessen; der große Gregor hatte einen neuen Anlauf gemacht, die keltischen Christen auf die römische Linie einzuschwören. Deshalb war Augustin nach Britannien zu den Kelten gekommen. Er berief sich auf Petrus, auf Gregor, auf Macht – und er hatte Erfolg. Die Fürsten und Mächtigen im südlichen Britannien zählten von heute auf morgen zu seinen Gefolgsleuten. Schon im Jahre 664 hatten die keltisch-christlichen Äbte auf der Synode von Whitby einlenken müssen; dem Machtanspruch der wohlorganisierten römischen Kirche »Du bist Petrus, der Fels. Dir übergebe ich die Schlüssel des Himmelreichs« hatten sie nichts entgegenzusetzen als die alte kosmologische Weisheit der Druiden, die Botschaft vom »König der Elemente«.

Wie war das für seine Vorgänger doch einfach gewesen! Sie brauchten dem »heidnischen« Righ nan Dul, dem »König der Elemente«, lediglich umzubenennen auf *Christus*, den Gesalbten. Er, Fintan, mußte sich einerseits von der »brüderlichen« Konkurrenz aus Rom abheben und dennoch vom gleichen Christus predigen. Kein Wunder, daß die Menschen draußen im Land verunsichert waren und gelangweilt wegschauten, wenn er auf seine Art von Christus redete.

»Du grübelst schon wieder?« Fintan schreckte auf; er hatte nicht bemerkt, daß Seamus, der Wagenbauer, stehengeblieben war. Aber es war ihm nur Recht, daß ihn jemand aus seiner Verzagtheit aufrüttelte und einen Plausch anfing. »Ja, ja« ... viel mehr wußte der Abt kaum zu entgegnen. Doch dann wurde er plötzlich hellwach: »Seamus, Du gehst zwar hauptsächlich mit Holz um; aber hast Du Dich neulich nicht auch am Stein zu schaffen gemacht?« »Das war nur ein Versuch, hab' einfach mal so probiert, sollte keinen bestimmten Zweck erfüllen.« Seamus war etwas in Verlegenheit geraten. Schließlich war er Wagen- und Bootsbauer; sein Material war Holz, nicht Stein. Doch dem Abt war eine Idee aufgegangen, deshalb faßte er nach: »Würdest Du, nur mir zu Gefallen, noch einmal am Stein probieren?« »Wenn's Dir zu Gefallen ist – warum nicht! Aber um was geht es denn eigentlich?« Fintan mußte nachdenken: Wie sollte er dem einfachen Seamus verständlich machen, welche Gedanken ihn quälten? »Um es ganz unverblümt zu sagen: Ich muß immer häufiger feststellen, daß die Bauern und Fischer meinen Predigten fernbleiben oder, wenn sie überhaupt kommen, gelangweilt wegschauen, während sie öfter als früher zum Steinkreis drüben hinter dem Moor hinaus gehen und dort tanzen und die alten Gesänge anstimmen. Und nun frage ich mich, wie ich die Leute zurückholen kann.« Seamus ließ unverhohlen ein Lächeln über sein Gesicht laufen: »Da wunderst Du Dich, daß die Leute zum Steinkreis hinausgehen? Wer ist denn nun eigentlich Christus – der, von dem *Du* sprichst oder der, den die anderen aus Canterbury meinen? Und außerdem: Seit Du nicht mehr zu uns sprichst, sondern aus einem Buch vorliest, bist Du es doch, der von *uns* wegschaut und somit *uns* langweilst.« Fintan war bleich geworden. Aber Seamus schien das zu übersehen: »Doch nun sag mir, wie *ich* Dir bei Deinem Problem helfen kann. Und was hat das mit Steinen zu tun?« Dem Abt kamen die Worte nun leichter über die Lippen: »Wenn Ihr im Steinkreis steht, dann stellt Ihr Euch gelegentlich so auf, daß Ihr in alle vier Windrichtungen hinausschaut, Ihr bildet dann die Figur des Weltenkreuzes – richtig?« Seamus nickte: »Richtig.« »Genau diese Figur, nämlich einen Kreis unterteilt in die Richtungen der vier Winde, die sollst Du mir als Gebilde in Stein zurechthauen. Das ist die Gefälligkeit, um die ich Dich bitte. Würdest Du das für mich tun?« Seamus mußte nicht lange überlegen: »Wenn's mehr nicht ist! Aber was willst Du mit dem behauenen Stein dann anfangen?« Jetzt huschte dem Abt ein Lächeln übers Gesicht: »Den Stein stelle ich dann hier im Klosterhof auf. Wir alle stellen uns gemeinsam vor ihn hin und vergegenwärtigen uns die vier Winde und die vier Elemente. Ich kann dann mein Buch weglegen, Euch beim Sprechen wieder anschauen, und Ihr müßt Euch nicht länger langweilen; und außerdem habt Ihr dann den weiten Weg zum Steinkreis nicht mehr nötig.« Der Abt ließ Seamus keine Zeit, etwas zu entgegnen, statt dessen fragte er nur: »Wann kannst Du mit der Arbeit beginnen?« Fintan und Seamus hatten sich verstanden – der neu ernannte Steinmetz konnte ans Werk gehen.

Es waren erst wenige Tage seit dem Gespräch der Beiden vergangen. »Ob Seamus schon den passenden Stein gefunden, gar schon mit der Arbeit begonnen hat?« Fintan war nicht der geduldigste Mensch. Er machte sich in der Nähe von Seamus Hütte zu schaffen, äugte über die Mauer aus rohen Findlingen hinüber. Tatsächlich: Seamus, der Steinmetz, war bei der Arbeit, man konnte es sehen und hören. »Wie geht's denn von der Hand?« Seamus war nicht gerade glücklich über eine solch frühe Begutachtung: »Es wird schon werden.« Aber so einfach konnte man den Abt von Candida Casa nicht abwimmeln. Er schaute dem Künstler über die Schulter.

Es gefiel ihm, was Seamus dem schlanken Stein, den er an die Mauer angelehnt hatte, einmeißelte: Einen simplen aber markanten Kreis, der ein ebenso markantes Kreuz umschloß. »Das hast Du gut erfaßt und auch gut herausgearbeitet.« Aber dann bemerkte Fintan, daß Seamus unterhalb von Kreis und Kreuz ein paar Buchstaben eingemeißelt hatte. Fintan trat näher, um besser entziffern zu können. »Peter« stand da, etwas ungekonnt geschrieben zwar, aber dennoch lesbar. Der Abt erschrak: Da war also auch sein guter und loyaler Freund Seamus schon mit den Leuten aus Canterbury zusammengekommen! Von wem sonst sollte er etwas von »Peter«, vom Petrus der römischen Christen, gehört haben?

Fintan gab sich Mühe, seine Gedanken zu verbergen: »Saubere Arbeit«, fuhr er deshalb fort, »aber ich möchte Dich etwas fragen.« Seamus nickte, war aber nicht gerade begeistert. »Wenn ich nicht irre, kannst Du nicht lesen und schreiben; wie aber hast Du es dann fertiggebracht, Deinem Stein die Worte »Peter« einzumeißeln?« Wie eine giftige Wolke schien die Frage über Abt und Steinmetz zu hängen, es war trügerisch still geworden zwischen den Freunden. Dann aber konnte Seamus sich nicht mehr zurückhalten: »Denkst Du etwa, der Stein sei nicht *mein* Werk? Du glaubst also, ich gäbe die Arbeit eines anderen für meine eigene Idee aus?« Seamus war außer sich vor Wut und Enttäuschung. Und Fintan war so verlegen geworden, wie er es noch nie zuvor gewesen war. Seamus war aufs Tiefste gekränkt. Wie konnte er, Fintan, das nur wieder gutmachen! »Seamus, es war mehr als ungeschickt von mir, so zu fragen. Eigentlich habe ich nur fragen wollen, wer Dir die Buchstaben für das Wort »Peter« aufgeschrieben hat.« Seamus war einige Schritte von seinem Abt zurückgewichen: »Und warum fragst Du dann nicht so, wie Du eigentlich fragen wolltest? Kannst doch sonst mit dem Wort so präzise umgehen wie ich mit dem Meißel.« Fintan trat von einem Fuß auf den anderen, der so gefällige Seamus hatte ihn beschämt. »Seamus, Du mußt mir einfach glauben, daß es mir leid tut; mehr kann ich dazu nicht sagen.« Durch die einfachen aber aufrichtigen Worte des Abtes hatte die giftige Wolke sich verflüchtigt. »Du willst also wissen, wer mir die Buchstaben vorgezeichnet hat? Das ist alles, was Du wissen willst?« Fintan atmete auf: »Ja, das ist alles.« »Und Du bezweifelst nicht, daß der Stein von mir gefertigt ist?« »Habe wirklich nie daran gezweifelt.« Abt und Steinmetz waren wieder Freunde. »Also, das kam so«, nahm Seamus den Faden wieder auf, »vor ein paar Tagen, als der Kreis nahezu fertig war und ich mir Gedanken darüber machte, wie tief ich das Kreuz einmeißeln wollte, schaute Bruder Fergus bei mir rein. Er war von meinem Werkstück angetan. Und als ich ihm erzählte, daß ich Dich in den nächsten Tagen damit überraschen wollte, schlug er vor, ich möge unter Kreis und Kreuz zusätzlich das Wort »Peter« einmeißeln, weil Petrus der Fürst unter den zwölf Aposteln Christi gewesen sei; das würde Dir ganz bestimmt gefallen. Also schrieb er mir die Buchstaben auf, und ich habe sie dann dem Stein eingemeißelt – das ist alles.«

»Righ nan Dul, Christus, Petrus, Johannes, Martinus, Ninian, Columba – es ist eine verrückte Welt« ... Fintan hatte das mehr vor sich hingemurmelt als gesprochen; aber Seamus hatte aus dem zusammenhangslosen Gemurmel heraushören können, daß der Abt von Candida Casa besorgt, sogar verzweifelt war. Wenn er ihm doch nur helfen könnte!

»Seamus, Du selbst kennst doch den Steinkreis drüben hinterm Moor, von dem wir vorhin sprachen?«, und dabei zeichnete Fintan das Muster des erwähnten Steinkreises mit einem Stück Holz in den lehmigen Boden.

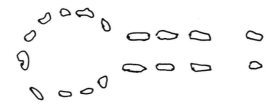

»Wenn Du es fertigbrächtest, Deinem Stein das in *Gestalt* zu geben, was uns an dem Steinkreis drüben hinterm Moor als Muster vertraut ist, und dann auch noch unsere vier keltischen Feste symbolisch einfügen könntest, dann ...«. Fintan hielt inne, denn Seamus machte ein Gesicht, das zum Weiterreden nicht gerade ermutigte. »Ich müßte diesen Stein hier wegwerfen, einen neuen suchen. Und das etwa wieder nur Dir zu Gefallen?« Unser Abt war weiß Gott nicht begriffsstutzig: »Du bekommst sechs Körbe Gerste, und noch mal sechs, wenn Du sofort mit der Arbeit beginnst.« Das hörte sich für Seamus Ohren schon besser an; zwölf Körbe Gerste war eine nicht gar so schlechte Aufbesserung seiner Wintervorräte. Er war einverstanden, fügte jedoch hinzu: »Dieses Mal möchte ich aber ungestört arbeiten können; warte bitte, bis ich fertig bin.«

Schon wenige Tage später hörte Fintan fleißiges Hämmern aus der Richtung von Seamus Hütte. Am liebsten wäre er hingelaufen, um nachzuschauen, was sich im Hof des Steinmetzen tat. Aber auch, als er in der Abenddämmerung an Seamus Hütte vorbeischlich, gab es nichts zu sehen; ein rätselhaftes Gebilde, vermutlich *sein* Stein, war mit einem großen Strohbüschel abgedeckt.

Aber zwei Wochen später war es dann soweit: An einem nebligen Morgen stand Seamus vor des Abtes Hütte und – sagte nichts. Fintan war irritiert, wußte nicht, was er fragen sollte: Würde Seamus jeden Augenblick eine Hiobsbotschaft verkünden? War etwa der Stein beim Bearbeiten zersprungen? Die Zeit wollte sich nicht bewegen.

Doch plötzlich bewegte Seamus sich von der Stelle. Er hakte sich beim Abt unter und sagte nur: »Komm.« Zehn Minuten später waren sie bei Seamus Hütte angekommen. Vor ihnen stand ein schlanker Stein. Er war das genaue Abbild des Steinkreises, den Fintan in den Lehmboden geritzt hatte. Das Abbild hier *stand* allerdings – der Steinkreis von drüben hinter dem Hügel hatte sich aufgerichtet. Das war genau das, was dem Abt vorgeschwebt hatte.

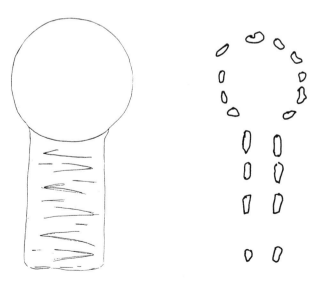

Und dann hatte dieser geniale Seamus es tatsächlich auch noch fertiggebracht, dem Gesicht des Steines, der kreisrunden Scheibe, die vier großen keltischen Feste einzuhämmern. **Imbole** (2. Februar, Lichtmeß), **Belteine** (1. Mai), **Lugnasad** (Anfang August, Erntebeginn) und **Samuin** (1. November, Allerheiligen) waren jetzt für jedermann sichtbare Erinnerung geworden. Fintan stand genau so bewegungslos wie Seamus eine halbe Stunde vorher vor seiner Hütte gestanden hatte – er war sprachlos. Er konnte seinen Künstler-Bruder nur umarmen und einen brüderlichen Kuß auf seine Wangen drücken. Und als er sich wieder gefaßt hatte, konnte er mit seinem Lob nicht länger zurückhalten: »Es ist einfach phantastisch! Kreisrunde Scheibe, in der Scheibe ein Kreis, im Kreis das Kreuz – und das alles in *einem* Werkstück untergebracht!«

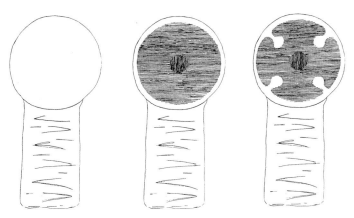

Wenige Wochen später war *Lugnasad,* das keltische Erntedankfest. Die Bauern und Fischer gingen in diesem Jahr nicht zum Steinkreis, sie kamen zu Fintan. Und der hatte ihnen viel zu erzählen von den *vier* Winden, von den *vier* Elementen, von den *vier* großen keltischen Festen und von Christus dem »modernen« Righ nan Dul. Und als er auf die natürlichsten Dingen der Welt zu sprechen kam und von Säen, Keimen, Reifen und Ernten redete, brauchte er lediglich auf die *vier* deutlich herausgemeißelten Einkehlungen auf der kreisrunden Scheibe zu zeigen, und jedem seiner Zuhörer war klar, daß vom immer wiederkehrenden Rhythmus des großen kosmischen Geschehens die Rede war. Während Fintan erzählte, schaute er seine Zuhörer an – und die schauten nicht gelangweilt weg, denn er sprach zu ihnen wieder ohne Buch, so wie sie es von den weisen Druiden seit alters her gewöhnt waren.

Und als Fintan alles gesagt hatte, was es zu sagen gab, überreichte er seinem Freund Seamus dreizehn Körbe Gerste. »Dreizehn?«, schien Seamus fragen zu wollen, »waren nicht lediglich zwölf abgemacht?« Fintan verstand die Frage, die Seamus auf den Lippen hatte. Er antwortete mit einem Beispiel aus der christlichen Schrift: »Die Getreuen des Jesus von Nazareth waren zwölf; Jesus selbst, Christus, war der dreizehnte.« Keiner der Anwesenden wußte so Recht, was mit dieser Zahlenspielerei gemeint war; aber was die Körbe Gerste bedeuteten, hatten alle begriffen: Dank. Dank an Seamus, Dank an den »König der Elemente«.

Die Geschichte von Fintan und Seamus, obwohl nur meiner Phantasie entsprungen, könnte sich durchaus so oder ähnlich zugetragen haben. »Schließlich muß dem Whithorn Cross, wie jedem anderen Kunstwerk auch, doch irgend eine Idee zugrunde liegen!«

Ich bin mit meiner eigenen Rechtfertigung zufrieden und wende mich wieder den etwas sachlicheren Überlegungen zu:

Symbole sind Sprache hinter Raum und Zeit. Die keltischen Christen des frühen Mittelalters haben diese Sprache verstanden, Schriftsprache war ihnen bis in die Neuzeit hinein unbekannt. Wenn ihnen jemand von den vier Elementen erzählte, verknüpften sie die Vorstellung davon automatisch mit den vier keltischen Jahresfesten. Diesen wiederum waren Gottheiten zugeordnet, und die Elemente konnten ihre Wirksamkeit nur durch Zuspruch der betreffenden Naturgeister entfalten. Diese Vorstellung vom großen kosmischen Geschehen hinter dem Vorhang unserer Sinneswahrnehmungen ist in keltischen Ländern teilweise noch heute lebendig. Die Naturgeister weisen den Weg in eine andere Welt, eben in die Anderswelt.

Können wir vom europäischen Kontinent, so frage ich mich, die wir griechisch-römisch geprägt sind, noch den Weg in die Anderswelt finden? Vermögen wir noch mit den Naturgeistern zu sprechen? Sprechen sie noch zu *uns*?

Der Weg in die Anderswelt und zu Naturgeistern und Elementarwesen ist den meisten von uns schwer zugänglich; zu sehr sind wir von begrifflichem Denken geprägt. Wir zergliedern Gesehenes und Gehörtes, zerlegen es in Teile, studieren in Vergrößerung das Einzelne, prägen für das Einzelne einen Begriff und – haben der Dinge Zusammenhang vergessen und verloren.

Das *Symbol* kann uns lehren, wieder ganzheitlich zu schauen und zu hören. Wir müssen uns selbst allerdings zurücknehmen und mehr hinhören auf das, was das Symbol zu sagen hat. Das Whithorn Cross, vor dem ich noch immer sinnend und betrachtend stehe, ermutigt zu diesem Versuch.

Drei Merkmale sind in *einem* Werkstück verarbeitet: Eine kreisrunde Scheibe, ein Kreis, ein Kreuz. Jedes dieser Elemente ist getrennt erkennbar; würde aber nur eines herausgenommen, verliert das Ganze seinen Sinn, das Symbol hätte keine Botschaft mehr. Und was nun *ist* der Sinn, wie lautet die Botschaft?

Stünde an meiner Stelle ein asiatischer Mönch des *Tao* vor dem Whithorn Cross, würde er aus dem Symbol wahrscheinlich diesen im *Tao Te King* enthaltenen Vers herauslesen:

> *Das Tao* [Ursprung]
> *erzeugt eins* [kreisrunde Scheibe],
> *eins erzeugt zwei* [eingeritzter Kreis],
> *zwei erzeugt drei* [Kreuz],
> *drei erzeugt die zehntausend Dinge.*[1]

Das Tao, der Ursprung, ist überall – jedoch nicht sichtbar. Aus dem Unsichtbaren entspringt das Erste, die Eins, die große Scheibe des Wtihorn Cross. Die große Scheibe gebiert die Zwei, den eingeritzten Kreis. Aus diesem geht die dritte Form, das Kreuz, hervor. Im Kreuz verbirgt sich die Vier, und die vier Elemente sind Träger aller Erscheinungen, sie »erzeugen die zehntausend Dinge«.

Uns, die wir im christlichen Kulturkreis aufgewachsen sind, mag die Sprache des Neuen Testaments vertrauter klingen; im Prolog zum Johannes-Evangelium heißt es dort:

> *Im Anfang* [Ursprung, Tao] *war das Wort,*
> *und das Wort war bei Gott,*
> *und das Wort war Gott* [göttlichen Wesens].
> *Dieses war im Anfang bei Gott.*
> *Alle Dinge sind durch dasselbe geworden,*
> *und ohne das Wort*
> *ist auch nicht eines* [der zehntausend Dinge]
> *geworden, das geworden ist.*

Prägnanter kann in Worten kaum aufgezeichnet werden, daß alles aus der Einheit des Anfangs geboren und wieder in die Einheit des Anfangs einmünden wird. Auf das Whithorn Cross übertragen: Scheibe, Kreis, Kreuz – Kreuz, Kreis, Scheibe.

Ob wir die Symbolik im Whithorn Cross (oder anderen Keltenkreuzen) zu uns sprechen lassen oder ob wir uns lesend in die Heiligen Schriften der großen Religionen vertiefen: Überall werden wir unterwiesen, daß keines der »zehntausend Dinge« für sich allein lebt, alle bleiben sie mit dem Ursprung verbunden.

Die Heiligen Bücher bedienen sich der Schrift; das Keltenkreuz teilt uns im Symbol mit, was es zu sagen hat. Beide, Schrift und Symbol, sprechen demnach die gleiche Sprache? Obwohl Schrift den Intellekt, Symbolik die Phantasie anspricht? Wenn Propheten und Dichter es verstehen, mit dem Wort so prägnant umzugehen wie der Steinmetz mit dem Meißel, dann können Schrift und Symbol in der Tat die gleiche Sprache sprechen. Jeder kann dann das Tao, das Neue Testament, unsere Dichter und Propheten und das Keltenkreuz verstehen.

Zwei Tage verblieben mir noch für das südliche Schottland, das mir eine so schöne und interessante Welt erschlossen hatte. Heute abend wurde ich zum Übernachten in Dumfries erwartet. Die Fahrt dorthin war ein bezauberndes Reiseerlebnis: Wigtown, Gatehouse of Fleet, Kirkcudbright, Castle Douglas – eine Ortschaft malerischer als die andere. Hinter Steinmauern geschützt schwelgten noch jetzt im November Fuchsienbüsche in ihrem glänzendem Rot. Der Sommer mußte sich wohl entschlossen haben, dieses Jahr hier zu überwintern. Dieses herrliche Stückchen Schottland müßte man zeitig im Frühjahr erleben! Ich nahm mir vor, wiederzukommen.

Als ich am nächsten Tag spät nachmittags in Hull ankam, um die Nachtfähre nach Rotterdam zu nehmen, hatte es zu regnen angefangen – die Sonne war fort. Aber ich war während einer ganzen Woche mit Sonne verwöhnt worden.

Mit Pilgern meint die Sonne es eben gut.

---

0 Ingeborg Meyer-Sickendieck, *Gottes gelehrte Vaganten*, Seewald Verlag
1 Lao Tse, *Tao Te King*, Diogenes

Maßstab 1:1.175.000

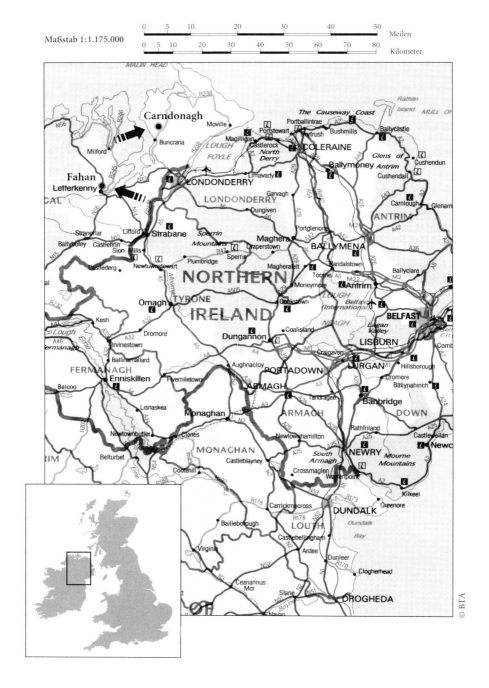

Carndonagh, Fahan, Drumcliff: Irlands Ende der Welt.

Es war März, als ich wieder den Pilgerpfad zum Keltenkreuz betrat. Ich nahm ihn dort auf, wo ich ihn im November vorigen Jahres verlassen hatte: In Süd-Schottland. Dumfries, Castle Douglas, Gatehouse of Fleet, Kirkcudbright – im November letzten Jahres hatten sich hier Fuchsienbüsche von sonnigen Spätherbsttagen verwöhnen lassen. Ausgesprochen sonnig war es jetzt im März noch nicht, wohl aber angenehm mild. Und überall blühten Ginster, Narzissen und Anemonen. Ich hätte bleiben mögen; aber mein Reiseziel hieß Irland.

Die Fähre von Stranraer über die Irische See nach Larne ging früh abends. Die Überfahrt dauerte etwa drei Stunden, die See war ruhig. Kurz hinter Larne direkt an der Küste mit Blick aufs Meer fand ich Unterkunft für die Nacht; es war das erste Mal, daß ich auf nordirischem Boden übernachtete. Obwohl das kleine Hotel ausgesprochen ansprechend, das Personal erlesen freundlich war, konnte ich mich von dem Gedanken an die schrecklichen Terrorakte, die Nordirland seit 1969 immer wieder zerrüttet hatten, nicht frei machen. Gott sei Dank lag Belfast, das Zentrum dieses unsinnigen und menschenverachtenden Mordens hinter mir! Ich bemühte mich, an Schöneres und Erbaulicheres zu denken, stellte mir in Gedanken meine vor mir liegende Reiseroute vor, dachte insbesondere an mein eigentliches Reiseziel, an die Keltenkreuze in Donegal, im äußersten Nordwesten Irlands.

Am nächsten Morgen führte mich die Reiseroute die Küste an der Irischen See entlang in nördliche Richtung. Schneller als vermutet war ich in Giants' Causeway, dem viel gepriesenen Naturwunder aus Stein, angekommen. Wie abgeschnittene Pfeifen einer Orgel, so standen die Felsformationen aus Basalt in vielen kleinen und größeren Gruppen vor mir, als ich den Pfad zum Brandungssaum hinunterging. Die Schnittflächen der Basaltsäulen sind unregelmäßig achteckig. Weder in Fachbüchern noch in Gesprächen mit Archäologen konnte ich eine Erklärung dafür finden, warum diese Basaltstümpfe im Schnitt einen achteckigen Grundriß zeigen.

Für Giants' Causeway, dem Steg der Riesen, der hier an der Nordküste Irlands beginnt und auf Staffa vor der Westküste Schottlands wieder an die Meeresoberfläche kommt, hatte ich nicht viel Zeit eingeplant; ich wurde zur Übernachtung drüben in Donegal, in der Republik Irland, erwartet. Der Reiseweg dorthin führte mich über Derry.

Auf meiner bisherigen Reiseroute durch Nord-Irland hatte ich mich an die *troubles*, an den unseligen Streit zwischen Nord und Süd, lediglich erinnert; hautnahe Berührung mit den *troubles* war mir erspart geblieben. Aber als ich mich nun Derry näherte und auf den Verkehrsschildern, abweichend von meiner irischen Touristikkarte, nicht Derry sondern *London*derry las, war mir, als hätte dieses unerklärbare Streitphänomen urplötzlich die Erklärung gefunden: Sollte es sich etwa überhaupt nicht um einen Glaubenskrieg zwischen Katholiken und Protestanten handeln, wie die Medien seit eh und je behaupten? Ließ diese banale Rechthaberei »Derry-*London*derry« nicht vielmehr darauf schließen, daß es nicht religiöse sondern nationale Affinitäten von Engländern und Iren waren, die ihre gemeinsame, wenn auch bittere Geschichte immer noch nicht bewältigt hatten?

Plötzlich mußte ich mein Fahrtempo drosseln, Militärwagen kamen in Sicht, die Fahrbahn verengte sich, Straßenrampen ließen das Auto holpern und rütteln – ich näherte mich der Brücke, die über den *River Foyle* von Nord-Irland hinüber in die Republik führt. Auf der Brücke standen britische Soldaten, teils in kleine Gruppen verteilt, teils einzeln mit Maschinengewehr im Anschlag hinter Sandsackbarrikaden verschanzt. Ich kurbelte mein Fenster herunter, damit ich einer eventuellen Aufforderung, mich auszuweisen, ohne Verzögerung nachkommen konnte. Der junge Soldat, der mich unkontrolliert weiterfahren hieß, hatte sein Gesicht eingeschwärzt; so war sichergestellt, daß er von eventuellen »Feinden« später nicht wiedererkannt werden konnte. Welch düstere Szenerie!

Verkehrssperren, Barrikaden, Maschinengewehre, geschwärzte Gesichter junger Männer in Uniform – was ist der wirkliche Grund für diese beängstigende Szenerie? Es kann nur Angst sein. Verunsicherung, Mißtrauen, tief eingewurzelte Angst. Wie leicht ließen sich diese negativen Verhaltensmuster doch überwinden, wenn die gegnerischen Seiten sich mehr an das gemeinsame kulturelle Erbe erinnerten, zum Beispiel an die schönen irischen Segenswünsche:

> *Aus deinen Augen strahle gesegnetes Licht,*
> *wie zwei Kerzen*
> *in den Fenstern eines Hauses,*
> *die den Wanderer locken,*
> *Schutz zu suchen dort drinnen*
> *vor der stürmischen Nacht.*
>
> *Wen du auch triffst,*
> *wenn du über die Straße gehst –*
> *ein freundlicher Blick von dir*
> *möge ihn treffen.*[0]

Während ich weiterfuhr, kam mir ein Erlebnis in den Sinn, das ich Jahre zuvor abends an der Bar im *Towers Hotel* in Glenbeigh in der Grafschaft Kerry hatte. Dieses Erlebnis, auch wenn es etwas abwegig erscheinen mag, ließ mich jetzt unter dem Eindruck von Tod und Schrecken hoffen, daß in nicht all zu ferner Zukunft auch in Irland Angst schwinden und Zuversicht wachsen würde:

… bevor Brendan wieder auftauchen würde, plauschten wir mit einem englischen Ehepaar, das sich zusammen mit ihren beiden noch kleinen Kindern ein paar Tage zum Ausspannen gegönnt hatte. Wir kamen schnell ins Gespräch, doch als es ins Geschichtliche und Politische hinüberwechselte, versuchte ich schnell, in eine behutsamere Gangart umzuschalten. Aber es war zu spät, das Thema stand schon im Raum: *Die* Engländer und *die* Iren! »Nun geht's los«, dachte ich, und ich hatte mich schon entschlossen, für die Iren Partei zu ergreifen. Wollte den Engländern, falls sie die Iren »Nichtstuer« oder gar »Trunkenbolde« geschmäht hätten »Britische Sklavenhalter« entgegenhalten, als – überhaupt nichts losging. Ganz im Gegenteil: Das englische Ehepaar aus dem Raum London lobte Irland, die Iren und die irische Lebensweise mit beinahe hymnischen Gesängen. Dann folgte rückhaltlose Selbstkritik: »Wie konnten wir nur bis gestern unseren Lehrern und Politikern glauben, die Iren hätten ihre Armut selbst verschuldet, seien dem Suff verfallen, könnten folgerichtig nie zu einem besseren Lebensstandard kommen!« Da machte sich Verärgerung über die eigene unkritische Gutgläubigkeit Luft, und als wollten sie sich selbst beruhigen, fügten sie hinzu: »Wenn wir wieder zu Hause sind, werden wir Freunden und Bekannten vom wahren Irland erzählen. Wir werden sie auffordern, ab sofort den bislang praktizierten Boykott irischer Güter aufzugeben. Und wir werden ihnen empfehlen, Irland einen nachbarschaftlichen Besuch abzustatten.« Die beiden hatten gar nicht bemerkt, wie sich unser anfänglicher Plausch zu einem Monolog verfestigt hatte – sie waren so richtig in Fahrt gekommen. Für mich war es überraschend und gleichzeitig wohltuend, Engländer so wohlmeinend über Iren reden zu hören. Da wurde endlich ein Stein losgetreten! Vielleicht war das sogar einer von vielen zaghaften Anfängen zum besseren Verständnis unter Nachbarn, deren wechselvolle Geschichte über einen Zeitraum von achthundert Jahren unter der Überschrift »Herr und Knecht« gestanden hatte. Vielleicht wurde an diesem Abend am Torffeuer im Towers Hotel am Ring of Kerry der Anfang eines neuen Kapitels geschrieben mit der Überschrift »Mein Nachbar und Partner« – wer weiß!

(Jetzt, im Juli '97, wo diese Zeilen geschrieben werden, haben sich tatsächlich die verfeindeten Seiten zusammengesetzt und Frieden »geübt«. Auch wenn zwischenzeitlich fanatische Splittergruppen die Fackeln der Gewalt wieder in die Kampfarena geworfen haben: Man spricht miteinander, die Offiziellen haben die Notwendigkeit eines gewaltfreien Miteinander erkannt.)

Die Erinnerung an meine Begegnung mit diesem liebenswerten englischen Ehepaar hatte mein aufgewühltes Gemüt wieder zur Ruhe gebracht. Und das war gut so; denn für meine Ankunft im Hotel in Redcastle wäre eine unausgeglichene Gemütsverfassung mehr als unpassend gewesen, war ich doch von einer ehemaligen Geschäftspartnerin eingeladen, das von ihr geleitete Hotel am Lough Foyle zu besichtigen und über Nacht zu bleiben; ich freute mich auf ein Wiedersehen mit einer lieben Freundin.

»Ich werde erwartet«, wollte ich der Rezeptionistin gerade mitteilen, als meine Bekannte schon auf dem Treppenpodest erschien und mir ein herzliches *Cead mile failte* (hunderttausendfach Willkommen) zurief. »Du bist bestimmt hungrig? Wir übrigens auch; mein Mann und ich warten auf Dich im Restaurant.« Das war ganz in meinem Sinn. Minuten später saßen wir zu Dritt beim Dinner.

»Welche Route bist Du gefahren?«, wollten meine Gastgeber wissen. »Die Nordküste entlang«. »Dann warst Du auch bei Giants' Causeway?« »Ja, die eigenwilligen Basaltformationen sind sehr beeindruckend, ein wahres Naturwunder.« Ich erzählte von meinem schockierendem Erlebnis auf der Brücke bei Derry. Meine Freunde hörten aufmerksam zu: »Wir sind daran gewöhnt; aber natürlich sind die *troubles* eine unsinnige und schreckliche Sache.« Der Kommentar war mir zu nichtssagend. »Eine ganz einfache Frage«, warf ich deshalb ein, »ist diese schreckliche Sache nun ein Glaubenskrieg unter religiösen Fanatikern oder werden hier historisch festgeschriebene Streitigkeiten zum Siedepunkt gebracht?« Beide schauten mich fragend an; dann kam die klare Antwort: »Der Krieg wird nicht zwischen Katholiken und Protestanten ausgetragen, ist nie so gewesen, purer Unsinn ist das. Auch die Wunden, die England den Iren geschlagen hat, sind verheilt, die Narben der Erinnerung verblaßt. Was wir heute mit den *troubles* erleben, ist nichts anderes als der Kampf um Macht. Und da gibt es für die Demagogen auf beiden Seiten keine schlagkräftigeren Parolen als Katholiken hier, Protestanten dort. Und die Medien sind so willfährig, diesen Blödsinn wie ein Trommelfeuer nachzuplappern. Derweil können dann die Drahtzieher im Hintergrund durch Waffen- und

Drogenhandel kirchturmhohe Vermögen ansammeln.« Beide schwiegen abrupt; es gab dem nichts hinzuzufügen.

Da hatte ich nun wer weiß wie viele Bücher über den Nordirland-Konflikt gelesen, mir die geschliffensten Kommentare von Fernsehjournalisten angehört – und nun diese einfachen Worte »normaler« Leute zu einem komplizierten Thema! Mir leuchteten die *einfachen* Argumente ein: Sie waren verständlich und schlüssig. Ist es nicht zu häufig so, daß Demagogen mit schlagkräftigen Parolen die Wurzel vieler Übel sind? »Man sollte sie abwählen oder fortjagen, die Gewehre wegwerfen und die Harfe, das Friedenszeichen der Iren, in die freigewordene Hand nehmen«.

Das Dinner im *Redcastle Hotel* war köstlich, im Kamin hinter unserem Tisch züngelte behaglich ein Torffeuerchen. Und wenn ich durch die großen Panoramafenster auf den *Lough Foyle* hinausschaute und den ständigen Wechsel zwischen Blau und Grün auf dem Wasser beobachtete, dann war die Welt auf jeden Fall an diesem Abend absolut in Ordnung.

Die Iren sind gute Gastgeber. Sie sind einfach freundliche Menschen. Nichts ist gekünstelt; wenn sie den Gast mit *cead mile faílte* (hunderttausendfach willkommen) begrüßen, dann ist das so gemeint – ob der Empfangsraum nun ein kleines *cottage* oder ein luxuriöses Hotel wie das *Redcastle Hotel* ist.

> *Sonnenschein leuchte deinem Herzen*
> *und erwärme es*
> *bis es glüht wie ein großes Torffeuer.*
> *Mag der Fremde dann eintreten*
> *und sich daran wärmen ...*[1]

Wohl nirgendwo in Irland stellt sich uns ein Kreuz so wuchtig und in seiner Gestalt so gebieterisch entgegen wie in Carndonagh, in der Grafschaft Donegal.

Viele der bekannten Keltenkreuze muß man suchen, muß verschlungene Seitenstraßen in Kauf nehmen, um sie aufzufinden. Ganz anders beim Carndonagh-Kreuz in Donegal. Allein, und deshalb nicht zu übersehen, steht es am Ortsrand gleich neben der Hauptverkehrsstraße. Massig und hoch aufgerichtet steht es dort. An dieser achtunggebietenden Kreuzes*gestalt* kommt man nicht vorbei. »Komm her, stell Dich vor mich hin und höre, welche Botschaft ich zu verkünden habe«, scheint dieses Kreuz sagen zu wollen. Und wirklich, es hat eine Botschaft. Aber weniger die statische kreuzförmige Gestalt des Monumentes hält eine Botschaft für den Betrachter bereit; vielmehr ist es das zweite der hohen Gestalt eingeschriebene Kreuz, das etwas mitzuteilen hat. Dieses zweite innere Kreuz zeigt Bewegungen, kreisende Bewegungen, und Bewegung ist Leben. Genau das scheint die Botschaft des Carndonagh-Kreuzes zu sein, einfach und klar: *Leben*.

Leben bedeutet Wachstum. Und Wachstum vollzieht sich von innen nach außen, von unten nach oben. Die Weisen und Dichter aller Zeiten und Kulturen haben das gewußt; so auch Rilke, wenn er in seinem Stundenbuch bekennt:

> *Ich lebe mein Leben in wachsenden Ringen,*
> *die sich über die Dinge ziehn.*
> *Ich werde den letzten vielleicht nicht vollbringen,*
> *aber versuchen will ich ihn.*
>
> *Ich kreise um Gott, um den ur-alten Turm,*
> *und ich kreise Jahrtausende lang.*
> *Und ich weiß noch nicht:*
> *Bin ich ein Falke, ein Sturm*
> *oder ein großer Gesang.*

Die *wachsenden Ringe*, die sich über das Kreuz von Carndonagh ziehen, wurden rund eintausendfünfhundert Jahre vor Rilke eingemeißelt. Aber der Steinmetz muß intuitiv ähnlichen Eingebungen gefolgt sein wie Rilke sie in dem zitierten Gedicht verewigt hat. *Wachsende Ringe* ziehen sich über das *Ding*, über das Kreuz aus Stein. Sie haben das Bestreben, zu wachsen und zu wachsen; aber das Kreuz, das Leben im Hier und Heute, setzt Grenzen; die *kreisenden* Bewegungen schwingen wieder zurück in die Mitte, in die kraftvolle Stille der Unendlichkeit *(Ich werde den letzten vielleicht nicht vollbringen)*, wo des Lebens Wachstum stets beginnt.

Säen, Keimen, Reifen, Ernten (dieser Metapher waren wir in Whithorn schon begegnet): Nach diesem Vierer-Rhythmus vollzieht sich das Leben in zu- und abnehmend *kreisenden* Bewegungen, und so ist es auch im Rhythmus des Flechtmusters auf dem Kreuz von Carndonagh dargestellt.

Das Kreuz hat eine Mitte; sie muß nicht sichtbar gemacht sein, ist vielleicht nur ein Punkt. Dehnt dieser sich aus, entsteht der Kreis – beim Carndonagh-Kreuz vertreten durch vier Rauten (Kreis und Raute haben in der Symbolsprache der Megalith-Kultur häufig die gleiche Bedeutung, z.B. als Erkennungszeichen für die Sonne). Erweitert sich der Kreis (die vier Rauten) erneut, erweitert sich auch die Vier zu der nächst höheren Ebene, nämlich zur Acht. Und wieder steht vor uns das Kreuz; dieses Mal allerdings nicht in der uns vertrauten Erscheinung, sondern als das in keltischen Landen sehr häufig anzutreffende *Bridget-Kreuz*.

Kreuz *und* Kreis also auch in Carndonagh? Gewiß:

Aber während in Whithorn der *Kreis* als Erscheinung dominiert und das Kreuz sich zunächst im Kreis verhüllt, ist es hier im Nordwesten Irlands umgekehrt: Das *Kreuz* in seiner massigen Gestalt zwingt sich dem Betrachter geradezu auf, während das Kreissymbol sich beinahe bitten läßt, sich zu offenbaren.

Ich löse mich ein paar Augenblicke von den kreisenden Bewegungen im Antlitz des Kreuzes, lasse noch einmal seine wuchtige Gestalt auf mich wirken. Will das Carndonagh-Kreuz außer der Botschaft »Leben« mir sonst noch etwas mitteilen? Die vorbeirollenden Lastwagen rattern und dröhnen, man möchte weglaufen und an einem ruhigen Plätzchen über das Gesehene und Erlebte in Muße nachdenken. Aber es ist merkwürdig: Das wuchtige Monument am Straßenrand von Carndonagh will mich noch nicht entlassen. Daß ich auch im Carndonagh-Kreuz Kreis und Kreuz erkannt habe, kann nicht der Grund dafür sein, daß ich mich aus meinen Betrachtungen nicht lösen mag. Ich gehe ein paar Schritte zurück, um von den Details der Reliefs Abstand zu gewinnen ...

Da ist die *Gestalt* des Kreuzes – als statische Form. Der Gestalt eingemeißelt ist ein zweites Kreuz – als kreisende Bewegung. Die Bewegung entfaltet sich *kreisend* von innen nach außen, stößt an die Grenzen, die das Kreuz setzt, kehrt von dort zurück in die inneren Gefilde von Ruhe und Geborgenheit.

Das ist es: Kreuz außen, Kreuz innen. Kreis innen, Kreis außen.

Nichts ist drinnen, nichts ist draußen;
denn was innen, das ist außen. (Goethe)

Goethes Weisheiten sind in Worten, Worte in Begriffen festgehalten und unserem Verständnis damit leicht zugänglich. Das Carndonagh-Kreuz verhüllt seine Botschaften in Symbolen, einer Sprache, die dem Intellekt nicht spontan zugänglich ist. Aber wenn wir Symbole lange genug um*kreisen* und uns so um den Schlüssel zum Verständnis bemühen, geht uns auf, daß Symbole differenzierter »sprechen« können als das mit Buchstaben möglich ist. Schrift legt fest – Symbole lassen unterschiedliche Erkenntnisse zu, je nach persönlicher Veranlagung und augenblicklicher Gemütslage. Vielleicht lese ich bei meinem nächsten Besuch in Donegal aus dem Carndonagh-Kreuz andere als die heute wahrgenommen Botschaften heraus ... ?

Von Carndonagh nach Buncrana ist es nicht weit. So mag es zu erklären sein, daß ich den Wechsel von dem gewaltigen Kreuz am Straßenrand von Carndonagh zum Grabstein auf dem stillen Friedhof von Fahan kaum registriere. Oder liegt es daran, daß sich die »Gesichter« beider Monumente, die Aussagen der Flechtmuster-Reliefs, so stark ähneln? Sowohl auf dem Kreuz als auch auf dem Grabstein bewegen sich die kreisenden Linien so lange von innen nach außen, von unten nach oben, von links nach rechts, bis das Ergebnis dieser lebhaften Bewegungen ein Kreuz geworden ist.

»Alles fließt«, hatten die griechischen Naturphilosophen verkündet. »Alles schwingt«, korrigieren und ergänzen die Physiker unserer Zeit das Wissen der Alten.

Beim Betrachten des Grabsteins auf dem Friedhof von Fahan läßt das eingemeißelte Kreuz-Relief den Wunsch, zwischen »fließen« und »schwingen« zu differenzieren, nicht aufkommen. Von Bedeutung ist augenscheinlich nicht, ob die sichtbar gemachten Bewegungen fließend, schwingend, rankend, wirbelnd sind; nicht *wie* sich die Linien bewegen, wird dargestellt, sondern *daß* sich alles bewegt, sich im Leben alles bewegen *muß*. Um dem Denken den Zugang zu der symbolischen Bedeutung des Reliefs zu erleichtern, mag auch hier auf dem Friedhof von Fahan wieder Goethe zu Wort kommen:

> *… und umzuschaffen das Geschaffne,*
> *damit sichs nicht zum Starren waffne,*
> *wirkt ewiges lebendiges Tun.*
> *Und was nicht war, nun will es werden*
> *zu reinen Sonnen, farbigen Erden;*
> *in keinem Falle darf es ruhn.*
> *Es soll sich regen, schaffend handeln,*
> *erst sich gestalten, dann verwandeln;*
> *nur scheinbar stehts Momente still.*
> *Das Ewige regt sich fort in allen:*
> *Denn alles muß in Nichts zerfallen,*
> *wenn es im Sein beharren will.*

Das Leben kennt keinen Stillstand. Es ist in ständiger Bewegung; die Bewegung muß nicht immer linear verlaufen, sie kann die Richtung wechseln, kann sich unserer Wahrnehmung vorübergehend entziehen (sterben), sich verwandeln und auf einer anderen Ebene wieder auftauchen (neu geboren werden) … aber Leben bewegt sich. Oder anders ausgedrückt: Bewegung ist Leben.

Das ist ein geistiges Faktum. Nicht nur Goethe, Rilke und andere Dichter unseres Kulturkreises haben das gewußt, sondern auch die Kelten am nordwestlichen Rand Europas: Den Monumenten von Carndonagh und Fahan haben sie dieses Wissen vor eintausend Jahren so tief in Stein eingemeißelt, das wir es noch heute deutlich »lesen« können.

Das Wissen um nie endendes Leben ist keine ausschließlich christliche Botschaft. In seinem Buch *Der Prophet* legt Khalil Gibran, Dichter und Seher des arabischen Kulturkreises, dem »Helden« seines Buches, als der sich von seiner Gemeinde verabschieden will, diese Worte in den Mund:

> *Denn zu bleiben ... hieße zu gefrieren*
> *und unbeweglich zu werden*
> *und in einer Form zu erstarren.*[2]

Weise keltische Künstler, Goethe, Rilke, Khalil Gibran ... in Gedanken bin ich weit durch Raum und Zeit gereist, während ich immer noch im Friedhof von Fahan stehe.

In Carndonagh ist das Monument ein Kreuz. Hier in Fahan ist es ein Grabstein, dem Grabstein ist das Kreuz »nur« eingemeißelt, es steht nicht in Kreuzes*gestalt* vor mir. Aber nach wiederholtem Hinschauen bemerke ich, daß der Grabstein in seiner oberen Hälfte links und rechts die Kreuzesarme zaghaft andeutet. Handwerkliche Unfertigkeiten können nicht der Grund für die »Zurückhaltung« des Künstlers gewesen sein; ganz im Gegenteil läßt das Relief auf höchstes Können schließen. Der Grabstein ist auch nicht wesentlich früher entstanden als das Kreuz von Carndonagh, so sagen uns die Forscher – auch hier kann also nicht der Grund für das »mißglückte« Kreuz vermutet werden. Wo dann aber? Vielleicht war der Steinmetz selbst Christ, sein Auftraggeber hingegen ein heidnischer Druide, den er mit einer zu eindeutig christlichen Aussage nicht brüskieren wollte? Denkbar wäre auch, daß der Steinmetz zwar im Umfeld christlicher Mönche des großen Columkille lebte, sich zu der neuen christlichen Botschaft aber noch nicht vorbehaltlos durchgerungen hatte ... ?

Ich hatte heute lediglich das Carndonagh-Kreuz und den Friedhof von Fahan aufgesucht, mich an beiden Orten allerdings so lange aufgehalten, daß ich kaum bemerkte, daß es schon spät nachmittags geworden war – aber schließlich hatten wir erst März, die Dämmerung brach früh herein.

In Drumcliff, wo der große irische Dichter William Butler Yeats seine letzte Ruhestätte gefunden hat, hielt ich am Straßenrand kurz an. *Ben Bulban*, den legendären Berg mit der unverwechselbaren Nasenspitze, konnte ich nicht mehr erkennen; die Abenddämmerung hatte ihn schon eingehüllt. Aber Kirche, Friedhofsmauer und das mit fast vier Metern Höhe ungewöhnlich schlank wirkende Keltenkreuz zeigten aus dem dämmerigen Zwielicht heraus noch schemenhaft ihre Umrisse.

> *Am Fuß von Benbulban,*
> *von Ulmen beschattet,*
> *auf Drumcliffs Kirchhof liegt Yeats bestattet.*[3]

Diese Verse sagte ich vor mich hin, während ich bei runtergekurbeltem Fenster im Auto blieb. Mit jeder Minute wurde es dunkler. Die Kirche im Hintergrund der Szenerie hatte sich auf einen dünnen grauen Schatten zurückgenommen. Nur das Keltenkreuz war noch auszumachen. Es war sogar deutlicher erkennbar als vorher, denn Kreis und Kreuz standen plötzlich genau vor einer Wolke, die sich lichtgrau von der schwarzblauen Himmelsdecke abhob. Wie aus einem Guß wirkten Kreis und Kreuz. Aber, obwohl Kreis und Kreuz auch hier auf dem Kirchhof von Drumcliff *ein* Symbol sind, zieht in erster Linie das Kreuz die Aufmerksamkeit des Betrachters auf sich.

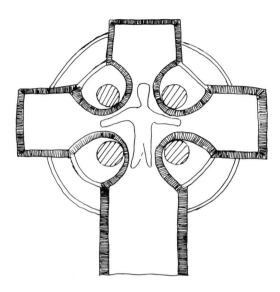

Das Kreuz, die Vier. Diese Struktur ist in einem Gedicht von William Butler Yeats besonders deutlich wiederzuerkennen:

Erst mit seinem Leib er stritt,
doch der gewann und aufrecht schritt.

Mit seinem Herzen rang er dann;
um Frieden und Unschuld war's getan.

Gegen den Geist dann versucht er sein Glück,
sein stolzes Herz läßt er zurück.

Nun sein Krieg gegen Gott beginnt;
Wenn's Mitternacht schlägt – Gott gewinnt.[4]

Bemerkenswert, diese Übereinstimmung zwischen Rhythmus der Worte und Rhythmus der Form!

Im Angesicht des Keltenkreuzes, mit seinen vier *gleich* langen Armen Zeichen für Ausgewogenheit, stieg noch einmal mein bedrückendes Erlebnis auf der Brücke bei Derry in meiner Erinnerung auf: Wann endlich werden die unausgewogenen Rechte von Iren und Anglo-Iren im Norden der grünen Insel zur ausgleichenden Mitte, zur Versöhnung unterm Keltenkreuz, finden? Erste Ansätze von Vernunft sind jetzt, wo diese Zeilen niedergeschrieben werden, zu erkennen: Man spricht miteinander. Und wo dem Wort Beachtung geschenkt wird, ist die erlösende Tat nicht mehr all zu weit.

Leget auf den Acker die Waffen der Rache
damit sie leise werden –
denn auch Eisen und Korn sind Geschwister
im Schoße der Erde.[5]   *Nelly Sachs*

---

[0] Manfred Wester, *Einübung ins Glück – in Irland entdeckt*, Burckhardthaus-Laetare
[1] wie 0
[2] Khalil Gibran, *Der Prophet*, Walter Verlag
[3] William Butler Yeats, *Gedichte*, Verlag Arche
[4] wie 3
[5] zitiert von Ingrid Riedel in ihrem Buch *Farben*, Kreuz Verlag

Gedanklicher Exkurs daheim (2)

Keimt ein Glaube neu,
wird oft Lieb' und Treu
wie ein böses Unkraut ausgerauft.   Goethe

Mit meinen Besuchen in Newgrange und in Callanish, in Whithorn und in Carndonagh, war ich dem Mandala des Keltenkreuzes, war ich der Symbolik von Kreis und Kreuz durch eine nahezu fünftausendjährige europäische Geistesgeschichte gefolgt.

Während ich, nunmehr wieder daheim, Fotos sichtete und meine Reiseeindrücke überdachte, wurde mir klar, warum Kreis und Kreuz so lange überlebt hatten: Die Kelten, von Griechen und Römern als barbarische Kriegerhorden geschildert, hatten »Lieb' und Treu« zum Erbe ihrer atlantischen Vorgänger nicht »wie ein böses Unkraut ausgerauft«; vielmehr hatten sie grundsätzliche kosmologische Weisheiten übernommen und diese ihren aus dem Osten mitgebrachten Überzeugungen einverleibt. Veränderung durch Wandlung – diesem philosophischen Grundsatz haben wir es offensichtlich zu verdanken, so wurde mir klar, daß wir die grandiosen Megalith-Monumente im Nordwesten Europas heute noch bewundern können.

Auf dem Kontinent hatte unsere europäische Geistesgeschichte von der Zeitenwende an einen völlig anderen Verlauf genommen: Die neue Botschaft aus Palästina, zunächst als »Liebet Eure Feinde«-Programm verkündet, verfestigte sich mehr und mehr zu einer straff geführten Organisation. Während ihre äußere Form erstarkte, verblaßten die inneren religiösen Werte. Für wahr wurde erklärt, was große Kirchenlehrer wie zum Beispiel Augustinus und Hieronymus für wahr *hielten*. Wenn dieses Für-Wahr-Halten dann noch vom Papst als der höchsten kirchlichen Instanz bekräftigt wurde, war keine andere Überzeugung mehr zugelassen – Glauben war dann Gebot geworden. »Des Menschen Schicksal ist von Gott vorherbestimmt; Gut oder Böse ist in die Wiege gelegt und somit unabänderlich«, so verkündete Augustinus zum Beispiel. Oder: »Mit seinem Willen kann der Mensch keine Änderung herbeiführen; er ist allein auf göttliche Gnade angewiesen«. Wer diese kirchlichen Lehren nicht befolgte, kam in Acht und Bann. »Lieb' und Treu« zu althergebrachten Überlieferungen wurden »wie ein böses Unkraut ausgerauft«.

So erklärt sich, daß wir auf dem Kontinent heute nur ausnahmsweise noch kultische Monumente unserer heidnischen Ahnen antreffen, während die nordwestlichen Regionen Europas bis auf den heutigen Tag ein wahres Freilichtmuseum an vor-christlichen Denkmälern geblieben sind.

Die Kelten im Nordwesten Europas hatten es nicht hingenommen, *blind* zu glauben. Pelagius, einer der wortgewaltigen irischen Mönche, setzte der menschlichen Willens*ohnmacht* des Augustinus Willens*freiheit* und Willens*stärke* des Menschen entgegen.

> *… und war dein Herz bis heut'*
> *wie Kohle schwarz -*
> *Du hast die Macht,*
> *und es wird weiß wie Quarz.*

Diese Worte von Christian Morgenstern hätten durchaus auch eine Kampfparole des Pelagius aus dem vierten Jahrhundert sein können. Die keltischen Christen wehrten sich gegen Erstarrung durch engherzigen Dogmatismus. Druidische Weisheiten hatten sie gelehrt, daß Leben nicht statisch ist, sondern Bewegung bedeutet. Da mochte Rom Anfang des fünften Jahrhunderts den Patrick, Ende des siebten Jahrhundert Bischof Augustin schicken, um für kirchliche »Ordnung« zu sorgen. Es mochten im zwölften Jahrhundert sogar die Normannen die keltischen Lande erobern – die Kelten übernahmen an christlichen

Werten nur das, was ihnen vernünftig erschien und die Möglichkeit eröffnete, das Alte mit dem Neuen in Übereinstimmung zu bringen. Nicht *Entweder-Oder* sondern *Sowohl-als-auch* – nach *diesem* Muster wurden die Kelten Christen.

Auf meinen vielen Pilgerpfaden zum Keltenkreuz hatte ich das immer wieder bestätigt gefunden. Unter welchem Keltenkreuz ich auch verweilte: Fast überall hatte ich Christus *und* den keltisch-heidnischen Righ nan Dul (König der Elemente), bildliche Bibelszenen *und* heidnische Symbolik angetroffen. Selbst in den Kirchen wird noch heute »Sowohl-als-auch« praktiziert: Drinnen gibt es das lateinisch-christliche Kruzifix; draußen, häufig direkt neben dem Kirchentor, meistens das Keltenkreuz.

Und einmal hatte ich auf besonders eindrückliche Art erlebt, daß die Iren, die Kelten von heute, keinerlei Probleme haben, Christus und den Righ nan Dul selbst im täglichen Gespräch einträchtig nebeneinander gelten zu lassen:

Ich hatte in Glenbeigh am Ring of Kerry an einem Sonntag Morgen einem Gottesdienst beigewohnt. Anschließend ging es nach nebenan in den Pub des *Towers Hotel*. Man redete über Alltägliches, unter anderem wurde die soeben gehörte Predigt auseinandergepflückt. Wiederholt hörte ich, wie eine kleine Gruppe von Farmern aus den *Glencar Highlands* das gälische Wort »Righ nan Dul« ins Gespräch einfügten, während die Unterhaltung als solche auf Englisch geführt wurde. Ich konzentrierte mich auf diese Leute, und es stellte sich heraus, daß die Farmer immer dann »Righ nan Dul« sagten, wenn sie bei der Diskussion über die Predigt des Gemeindepfarrers auf das Wort »Christus« stießen. Offensichtlich, so mutmaßte ich an diesem Sonntag Morgen, hatte das Wort »Righ nan Dul« eine Bedeutung, die sich mit dem Wort »Christus« nicht abdecken ließ. Das Wort »Righ nan Dul« mußte wohl umfassender, kosmologischer, sein. Waren diese Farmer nach fast zweitausend Jahren immer noch *keltisch*-christlich geblieben?

Die keltische Art, Christ zu sein, mußte wohl schon im frühen Mittelalter, als die lateinisch-christliche Kirche immer mächtiger geworden war, eine große Faszination auf Mönche vom Kontinent ausgeübt haben; denn viele von ihnen machten sich damals auf den Weg nach Irland oder nach Wales, um hier in den keltisch-christlichen Klöstern frei von dogmatischer Bevormundung aus Rom alte *und* moderne Weisheiten zu hören und zu lernen.

Was in keltischen Landen gepflegt wurde, war auf dem Kontinent verpönt. Von einem Konzil zum anderen wurden Weisheiten, die dem Ur-Christentum selbstverständlich waren, vom etablierten Christentum in Rom mißbilligt und aus dem offiziellen Lehrgebäude der Kirche herausgenommen. Aber Wahrheit und Weisheit können nicht sterben; sie zogen sich in die wortlose Stille menschlichen Denkens zurück, dort wurden sie esoterisch (geheim) von Mystikern und von verfemten »Ketzern« in Ehren gehalten. Die hartnäckigsten »Ketzer« waren aus Sicht der römischen Kirche die Kelten, die über die Jahrhunderte hinweg Pelagius und seiner Lehre vom freien Willen des Menschen gefolgt waren; sie wurden als »Pelagianer« gebrandmarkt.

Einer dieser unverbesserlichen Pelagianer war Goethe. In einem literarischen Zirkel soll er so vehement den freien Willen des Menschen verfochten haben, daß andere Diskussionsteilnehmer ihn deshalb bezichtigten, ein »Pelagianer« zu sein. Des Wortes Bedeutung war ihm nicht geläufig; daheim befragte er Bücher über die Kirchengeschichte, und als wenig später der Literaturzirkel wieder tagte, soll Goethe sinngemäß gesagt haben: »Ihr hattet Recht, ich bin in der Tat ein Pelagianer – und ich bin es gern.« So mag diese überlieferte Episode vielleicht der Denkanstoß für diese Verse aus Goethes »Faust« gewesen sein:

> *Gerettet ist das edle Glied*
> *der Geisterwelt vom Bösen.*
> *Wer immer strebend sich bemüht,*
> *den können wir erlösen.*
> *Und hat an ihm die Liebe gar*
> *von oben teilgenommen,*
> *begegnet ihm die selige Schar*
> *mit herzlichem Willkommen.*

Erst das persönliche Bemühen, erst der Einsatz des freien Willens; dann mag Gnade helfend hinzukommen – so sah Goethe es, und mit ihm viele andere Dichter und Seher. Und so hatten die Kelten das Verhältnis zwischen Mensch und Gott immer gesehen.

Kreis *und* Kreuz, Christus *und* Righ nan Dul! Aus immer schon »christlich« gestimmten Kelten konnten so keltische Christen werden.

Bei diesem gewaltfreien Wandel hat es keine Märtyrer gegeben!

Mit dieser Erkenntnis mag man gern unterm Keltenkreuz verweilen ...

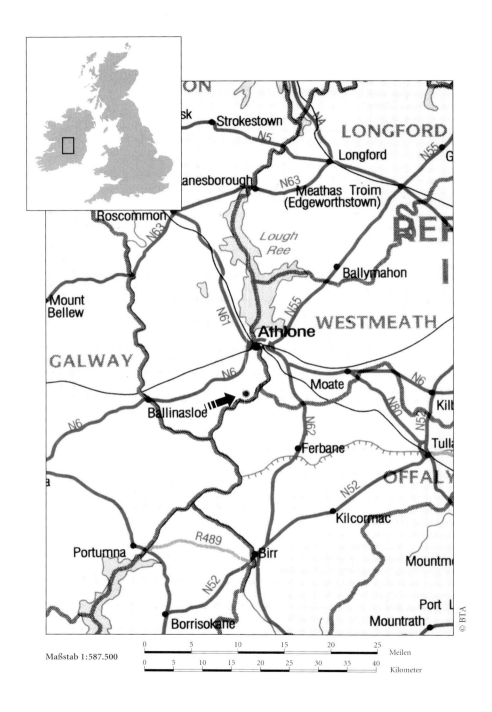

Clonmacnois:
Irlands Mitte.

Ich bin mit einer Reisegruppe unterwegs. Dublin liegt hinter uns, wir fahren in Richtung Westen, wollen nach Clonmacnois zu der alten Klosterruinenstätte aus dem frühen Mittelalter. Wie oft bin ich diese Route schon gefahren! Flaches Land, grünes Land überall. Aber kein Ackerland, Viehweiden sind es, soweit das Auge schauen kann. Kein Wunder, daß die Normannen, nachdem sie Irland im zwölften Jahrhundert erobert hatten, diese saftigen Weiden nicht wieder hergeben wollten. Vieh bedeutete Reichtum. Und für das England des ausgehenden Mittelalters war Vieh eine der wichtigen ökonomischen Grundlagen des Imperiums; die Mannschaften der Weltflotte mußten mit Fleisch versorgt werden.

Die Fahrt nach Clonmacnois dauert länger als die Landkarte vermuten läßt. Jedes Mal atme ich auf, wenn ich kurz vor Athlone in der Mitte Irlands das grün-weiße Hinweisschild *Clonmacnois* erblicke. Nun ist es nicht mehr weit. Wir fahren links ab. Aber auch diese Strecke will immer kein Ende nehmen. Hohe Hecken säumen die schmale Straße, dann plötzlich kahle, fast schwarze Flächen – hier wird nicht mehr Torf für die heimische Feuerstelle *gestochen,* sondern maschinell für ein nahegelegenes Kraftwerk *abgeräumt.* Der Bibelsatz »Machet Euch die Erde untertan« ist offensichtlich auch hier nicht als Fürsorgepflicht gegenüber dem *Untertanen* Erde aufgefaßt sondern als Aufforderung mißverstanden worden, *ausschließlich* Nutzen zu ziehen.

Die Indianer, die von dem Heiligen Buch der Christen nie gehört hatten, sprachen unsere Erde mit »Mutter Erde« an. Sie wußten, daß man von der Mutter nur nehmen kann, was sie gibt, nicht was sie geben *soll*. Die »Mutter« gibt Torf – wir dürfen ihn nehmen, nutzen. Was übrig bleibt, müssen wir allerdings zurückgeben – so bleibt der natürliche Kreislauf geschlossen, und das eherne Gesetz von Geben und Nehmen kann sich erfüllen. Statt dessen nehmen wir, um zu »veredeln«, nicht um zu nutzen. Wir gewinnen aus Torf elektrischen Strom, nutzen also nicht die Wärme, die »Mutter Erde« gibt, sondern den Wärme*komfort*. den sie geben *soll*. Die Rückstände, die bei »Veredelung« anfallen, sind meistens Gifte. Und die geben wir dann über die Luft an unsere »Mutter« zurück. Aber sie kann mit *diesen* Rückständen nichts anfangen; sie gehören nicht mehr zu ihr, sind ihr fremd geworden, nehmen ihr sogar die Luft zum Atmen.

Das Gleichgewicht aus dem Gemisch der vier Elemente Feuer, Luft, Wasser und Erde ist gestört, wenn gegen den Grundsatz von ausgewogenem Nehmen und Geben verstoßen wird.

Ähnlich wie die Indianer erwiesen auch die alten Chinesen unserem Planeten Erde große Ehrerbietung. So heißt es im Tao Te King, dem chinesischen Weisheitsbuch:

> *Das Universum ist heilig, so wie es ist.*
> *Du kannst es nicht besser machen.*
> *Wenn du es versuchen würdest,*
> *du würdest es zerstören,*
> *und wenn du versuchst, es festzuhalten*
> *und zu besitzen,*
> *dann wirst du es verlieren.*[0]

Aber auch die Iren selbst, die Kelten von heute, haben in ihren Segenswünschen die traditionelle Wertschätzung für unsere Erde in unsere moderne Zeit hinübergerettet:

> *Der Segen der Erde, der guten,*
> *der reichen Erde sei für dich da.*
> *Weich sei die Erde dir, wenn du auf ihr ruhst,*
> *müde am Ende des Tages.*

Und leicht ruhe die Erde auf dir
am Ende des Lebens,
daß du sie schnell abschütteln kannst –
und auf und davon
auf deinem Wege zu Gott.[1]

Gott sei Dank hat in jüngster Zeit unter den wohlhabenden Völkern der nördlichen Halbkugel ein neues Denken breiteren Raum eingenommen: Nutzen *und* behüten – so könnte auf eine kurze Formel gebracht werden, was immer größere Kreise unserer Gesellschaft ökologisch fordern und in kleinen Anfängen auch schon praktizieren. Wenn diese Entwicklung fortschreitet und sich verstärkt, werden in nicht all zu ferner Zukunft wieder Heide und Ginster blühen, wo heute Torfbagger eine schwarze gähnende Fläche zurückgelassen haben. Dann wird »Mutter« wieder versöhnt sein und erneut geben, was sie geben *kann*.

Was aber hat Ökologie mit Clonmacnois zu tun? Sehr viel! Die Keltenkreuze in Clonmacnois (und anderswo) geben uns Anschauungsunterricht zum Thema Gleich-Gewicht. Ihre vier Arme sind gleich lang, haben untereinander mithin gleiche Wertigkeit, so wie den vier Elementen in unserer Natur gleich-gewichtige Bedeutung zukommt. Diese symbolische Aussage wird noch unterstrichen von dem Kreis, der alles sorgend umhegt: Auf dem Keltenkreuz die vier Arme, im Kreislauf der Natur die vier Elemente.

Es geht weiter auf schmaler Straße: Hecken, Weideland, dazwischen Ginsterbüsche, tiefhängende Wolkenknäuel über der lieblichen aber eintönigen Landschaft. Das verleitet zum Nachsinnen, zum Nachsinnen über das Phänomen Clonmacnois. Als Reiseleiter nutze ich die Zeit, die mir anvertraute Reisegruppe einzustimmen: Im Jahre 549 hatte hier an den Gestaden des Shannon, Kieran, einer der bedeutenden irischen Mönche, mit wenigen Gefährten eine Klosterschule gegründet. Es waren kleine Anfänge; denn Kieran war im System der Clans ohne Einfluß, er kam nicht aus keltischem Adel, sein Vater war

Bootsbauer gewesen. Ohne Gönner und ohne Protektion ging er seinen Weg: Zusammen mit anderen Wißbegierigen wie zum Beispiel Kevin von Glendalough, Brendan dem Seefahrer und Columcille sah man ihn bald zu Füßen des gelehrten Finian von Clonard, bald hoch über Klippen und Meer bei Endan auf den windumtosten Aran Inseln. Seine anschließenden Wanderungen führten ihn nur selten über das Gebiet des Shannon, über die geographische Mitte Irlands, hinaus. War Clonmacnois das Ziel seiner Träume, wie eine Legende erzählt? Oder war es stammespolitisches Kalkül, ausgerechnet hier, wo die alte Ost-West-Handelsstraße und der Shannon sich kreuzten, *sein* Kloster zu gründen?

Die Geschichtsforschung weiß auf diese Fragen keine verbindliche Antwort zu geben. Was wir wissen, ist, daß schon bald Zöglinge aus adligen Familien kamen und sich der Zucht des frommen *und* gelehrten Mannes unterstellten. Sie kamen nicht nur aus Irland; auch vom Kontinent kamen jene, die in der dogmatischen Enge der lateinisch-christlichen Lehre und Praxis nicht mehr atmen konnten.

Zum Ausbau der kleinen Anfänge verblieb keine Zeit, denn schon sieben Monate nach dem spontanen Beginn (in einigen Chroniken ist auch von sieben Jahren die Rede) wurde Kierans Arbeit jäh beendet; ein Gelbfieber, das damals große Teile Europas heimsuchte, hatte auch dem Leben des Kieran ein frühes Ende gesetzt. Wie konnte es da nur kommen, daß Clonmacnois als Stätte stiller Frömmigkeit *und* weltoffener Gelehrsamkeit eine Entfaltung erfuhr, die ihm über Jahrhunderte hinweg den Ruf einer der großen europäischen Lehranstalten einbrachte?

Das Gelände fällt plötzlich merklich ab. Es kommt das Gefühl auf, als führen wir geradewegs in eine Wolkenbank hinein. Aber dann schiebt sich von unten nach oben das mir vertraute Bild ins Blickfeld: Der alte Rundturm, die Flußniederung des Shannon, eine Vielzahl von Friedhofskreuzen, dazwischen ragen die größeren Hochkreuze heraus. Clonmacnois – wir sind am Ziel.

Jeder, der hier ankommt, spürt es: Stille und tiefer Friede umfangen uns. Woran mag das liegen? Ist es die Stimmung, die der gemächlich dahinfließende Shannon und die ihn begleitenden Wolkenbänke auslösen? Sind es die Keltenkreuze, die mit ihrer fremdartigen Gestalt unsere volle Aufmerksamkeit auf sich ziehen? Niemand kann sich das erklären. Immer aufs Neue können wir lediglich feststellen: Clonmacnois ist ein Ort der Stille. Wie von einem Magnet angezogen, geht fast jeder Besucher zunächst auf das sogenannte Inschriftenkreuz zu. Vordergründig betrachtet ist dieses Hochkreuz in der Tat das imposanteste Monument von Clonmacnois. Es ist ansprechend, es spricht zu uns in der leicht lesbaren Bildersprache biblischer Szenen, die uns aus Schule und Religionsunterricht vertraut sind. Vor mehr als eintausend Jahren mögen diese in den Kreuzesschaft eingemeißelten Bibelszenen dazu gedient haben, der schriftunkundigen Bevölkerung die christliche Lehre nahezubringen. Auch wir Besucher von heute stehen vor diesem Kreuz und lassen uns von ihm unterweisen; mit dem Unterschied, daß *uns* die Bilder vertraut sind: Verleugnung Christi durch Petrus, Christi Gefangennahme, Grablegung Christi, weitere Szenen aus der Passionsgeschichte und aus dem alten Testament. Vergessen sind auch nicht Kieran selbst, der Gründer von Clonmacnois, und der Hochkönig beim Einpflocken eines Baupfostens. Die bildlichen Aussagen der Reliefs sind so sehr auf Konturen reduziert, daß bekannte Kunsthistoriker zu unterschiedlichen Deutungen der dargestellten Szenen kommen. Im übrigen sind alle diese Bildereliefs, so interessant und aufschlußreich sie sein mögen, »nur« Beiwerk zur zentralen Aussage dieses Kreuzes, zur Darstellung des Christus. Und was uns da überrascht, ist, daß Christus im Bild der Kreuzigungsszene auf der Westseite des Monuments überhaupt nicht leidend und sterbend wirkt. Im Zentrum von Kreuz und Kreis stehend kommt gar nicht der Eindruck auf, daß er am Kreuzesstamm *hängt,* vielmehr scheint Christus aus der Kreismitte heraus zu triumphieren und zu gebieten. Wird hier folglich nicht der Tod als Endstation des Lebens, sondern vielmehr das »Ende« als glorreicher Neu-Beginn dargestellt? Wer Antwort auf diese Frage sucht, braucht lediglich zur Ostseite des Kreuzes zu wechseln und hier wieder Kreis und Kreuz zu betrachten: In der Mitte dieses Lebenssymbols steht wieder Christus, auf dieser Darstellung angetan mit Kreuzstab und Zepter, den Insignien königlicher Herrscherwürde. »Christus ist auferstanden, er ist wahrhaft auferstanden«, scheint dieses Szenenbild sagen zu wollen.

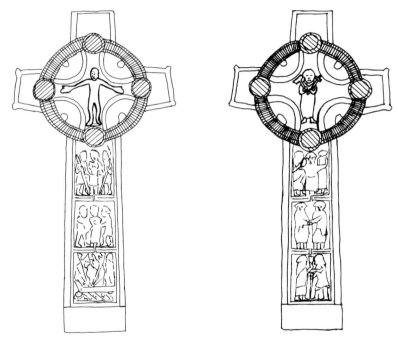

Inschriftenkreuz Westseite   *Inschriftenkreuz Ostseite*

Läßt man beide Darstellungen in Ruhe auf sich wirken, die Kreuzigung auf der Westseite und die Auferstehung auf der Ostseite, dann dominiert insgesamt allemal ein Gefühl von Ostern, nicht das von Karfreitag. »Der Tod ist das Tor zum Leben« – Treffender könnte ein übergeordnetes Motto für *beide* Reliefs kaum heißen.

Der Tod ist das Tor zum Leben – was heute endet, wird morgen neu beginnen. Im Westen geht die Sonne unter, im Osten geht sie morgen wieder auf. Auf der Westseite unseres Kreuzes ist der Tod, auf der Ostseite die Auferstehung als Fortgang ewigen Lebens dargestellt.

Den keltischen Christen war Christus schlechthin die Mitte. Die Mitte des Kosmos, aber auch die Mitte des Lebens im Hier und Heute. Schon in vorchristlicher Zeit war der Righ nan Dul die zentrale Gottheit; als *König der Elemente* wurde sie gedacht. Und genau so ist der Christus auf dem Inschriften(Bibel)kreuz in Clonmacnois dargestellt: Zentral, versöhnend, ausgleichend. Da kam es nicht so sehr darauf an, ob diese Gottheit der ausgleichenden Mitte nun der Christus des Kreuzes von Golgatha oder der Righ nan Dul aus der Mitte des Keltenkreuzes war.

Aber in Clonmacnois gibt es mehr zu sehen als das bekannte Inschriftenkreuz – viel mehr: Grabplatten, viele kleine und schlichte Keltenkreuze, die Ruhestätte des Kieran, die Ruinen einer Kathedrale. Und dann ist da das so völlig anders geartete *Südkreuz*. Auf ihm tritt uns keine Bildersprache entgegen, es fehlen die vom Inschriftenkreuz vertrauten Bibelszenen. Etwas ratlos stehen wir vor diesem Kreuz, da sind »nur« Ornamente zu erkennen. Aber was mögen sie bedeuten? Wollen und können sie uns etwas sagen? Und wenn: Wo ist der Schlüssel zum Verständnis dieser so schlichten Ornamente? Wenn wir sie nicht als lediglich interessante Verzierung abtun wollen, müssen wir unsere Betrachtungsweise, mit der wir zuvor vor dem Inschriftenkreuz standen, umstellen. Vorher hatten wir etwas Vertrautes ange*schaut*, jetzt müssen wir hin*hören*. Hören, ob uns *dieses* Kreuz in der Sprache der Symbole etwas zu sagen hat. Eine Umstellung dieser Art will zunächst nicht gelingen.

 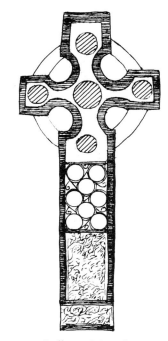

Inschriftenkreuz Westseite *Südkreuz Westseite*

Aber wenn wir uns lange genug konzentrieren, dämmert uns auf, daß wir es immer wieder mit der Zahl Vier zu tun haben. Zunächst ist das Kreuz selbst eine Vier; dort, wo die Kreuzesarme den Kreis durchschneiden, wird es durch die markanten Buckel verdeutlicht. Dann tritt uns die Vier auf der Fläche des Kreuzschaftes, zusammengefügt als Gruppe von acht Bossen, gleich zwei mal entgegen.

Die Vier und die Acht – Symbolsprache also, Symbolsprache, verborgen hinter Zahlen. Noch einmal sei es gefragt: Wie können wir Menschen von heute diese Sprache, die weder Bild noch Schrift ist, verstehen?

Wie so viele andere Völker und Kulturen kannten auch die Kelten die Lehre von den vier Elementen: Feuer, Luft, Wasser und Erde waren ihnen heilig. Heute kennt unsere Wissenschaft zwar mehr als einhundert chemische Elemente; aber *das* Feurige, *das* Luftige, *das* Wäßrige und *das* erdig Feste sind auch heute noch *die* vier Grundelemente, aus denen alles Seelisch-Geistige und alles Stoffliche zusammengefügt sind. Schauen wir uns nur die Wettererscheinungen (kalt, warm, trocken, naß) oder die Temperamente des Menschen an (phlegmatisch, cholerisch, sanguinisch, melancholisch), und wir kommen nicht umhin zuzugeben, daß wir entweder in reiner oder in gemischter Form die Grundelemente Feuer, Luft, Wasser und Erde vor uns haben.

Die antike Welt im Osten und im europäischen Westen hatte den vier Elementen jeweils eine Gottheit aus der himmlischen Götterwelt zugeordnet. Zu dieser Gottheit konnte der Mensch beten, von ihr Segen erflehen: Von der Sonne, Sinnbild des Feuers, Licht. Von der Luft Kühlung. Vom Wasser Leben und Wachstum. Und von der Erde Geborgenheit und Nahrung. Für das Judentum und später für das römisch ausgeprägte Christentum war das Götzendienst, und der stand unter Strafe. »*Ich bin* Euer Gott« – es war nur der Eine, nur *ein* Gott, zugelassen. Wer dagegen verstieß, verfiel dem Urteilsspruch der Priester als Verwalter des Heils. »Steinigung« hieß das im alten Testament, und bis ins Mittelalter hinein hieß es »Scheiterhaufen« bei den Christen.

Um so mehr verwundert es, daß Franz von Assisi, selbst Kind des Mittelalters, es ungestraft wagen konnte, die vier Elemente in seinem *Loblied der Geschöpfe* einzubinden. Aber die Elemente waren in seinem Loblied nicht mehr Gottheiten sondern Geschöpfe Gottes. Deshalb ist dem Loblied die an den einen Gott gerichtete Ehrerbietung vorangestellt:

> *Gelobet seist Du, mein Herr,*
> *mit allen Deinen Geschöpfen.*

Und dann werden die welterhaltenden Schöpfungen des Einen angeführt, unter anderem die vier Elemente:

> *Gelobet seist Du, mein Herr,*
> *durch* **Bruder Wind**
> *Gelobet seist Du, mein Herr,*
> *durch* **Schwester Wasser**
> *Gelobet seist Du, mein Herr,*
> *durch* **Bruder Feuer**
> *Gelobet seist Du, mein Herr,*
> *durch unsere*
> **Schwester Mutter Erde.** [2]

Wie komme ich ausgerechnet im irischen Clonmacnois, am westlichen Rand Europas, auf Franz von Assisi zu sprechen? Zunächst einmal deshalb, weil er uns in Clonmacnois als Relief über dem Torbogen der Kathedrale begegnet. Dann aber auch deshalb, weil Franz von Assisi, ähnlich wie die keltischen Christen, undogmatische Frömmigkeit gelehrt *und* gelebt hat und Jahrhunderte, nachdem das keltische dem lateinischen Christentum einverleibt worden war, wieder keltisch-»heidnische« Vorstellungen vom großen kosmischen Geschehen aufleuchten ließ. Bestimmt hat der »Arme« von Assisi keine kirchenpolitische Absicht damit verbunden. Aber Widersprüche auflösen und Gegensätze miteinander versöhnen, das war mit Sicherheit sein großes

Anliegen. Feuer und Wasser *sind* zum Beispiel unversöhnliche Gegensätze. Und was macht Franz von Assisi daraus? Er gleicht aus, indem er das Feuer der Erde und Wind dem Wasser zuordnet. So kann er in seinem *Loblied der Geschöpfe* die versöhnlichen Worte von »*Bruder* Feuer« und »*Schwester* Mutter Erde« und von »*Bruder* Wind« und »*Schwester* Wasser« sprechen. Genau so, nämlich versöhnend und ausgleichend, sahen die Kelten ihren Righ nan Dul, später dann den Christus aus Palästina. Franz von Assisi hat demnach mit Fug und Recht einen Platz in Clonmacnois erhalten – seine Auffassung von »christlich« paßt hierher.

Clonmacnois erzählt uns die Geschichte der Vier und damit auch die Geschichte vom Kreuz. »Nehmt Euer Kreuz auf Euch und folgt mir nach«, so hatte Christus gefordert. Wir sollen also die in unsere Leibeshülle eingewebten elementaren Erschwernisse annehmen, weil wir nur durch die Überwindung von Hemmnissen geistig wachsen und reifen.

Gar nicht so einfach, so zu leben! Drum müssen wir's üben, wieder und wieder. Und wenn *ein* Leben nicht ausreicht, werden wir erneut in die Vier, in das Kreuz des Lebens, in die Bedingungen der vier Elemente, hineingestellt.

Es hat ganz den Anschein, als ob Clonmacnois diese Botschaft für uns bereithält; denn was sonst mag uns die zweifache Vier, mithin die Acht, auf dem Kreuzesstamm beim Südkreuz sagen wollen als »Wiederholen, Fortschreiten, Vervollkommnen«.

Das Südkreuz in Clonmacnois stellt die Acht als *Symbol* vor uns hin und überläßt es unserer Vorstellungskraft, *wie* wir diese Symbolik lesen wollen.

Nach Auffassung der alten Weisen lag hinter den sieben Sphären der Planeten die achte und damit die erste Sphäre der Fixsterne. Aus dieser antiken Anschauung heraus mögen viele Taufbecken in unseren Kirchen *acht*eckig sein. Und noch heute weiß jeder Architekt, daß das *Acht*eck die »Eintrittskarte« zum Kreis ist, läßt sich doch auf dem *Acht*eck als Grundriß am sichersten ein Kuppelgewölbe errichten. Bedeutet die Acht symbolisch mithin den Zutritt zum Reich der Vollkommenheit?

Das Neue Testament gibt sehr klar definierte Richtwerte für den Weg zur Vollkommenheit, wenn es in der Bergpredigt mit seinen *acht* Seligpreisungen einen Tugendkatalog festlegt, der durchaus ein überkonfessioneller Leitfaden für sittliches Wohlverhalten sein könnte. Aber der Weg an diesem Leitfaden entlang ist beschwerlich: Wo Licht ist, ist auch Schatten – wo Tugend, auch Laster. Niemand weiß das besser als die geistigen Gipfelstürmer, die asketischen Einsiedler. Sie, die christlichen Eremiten aus den ägyptischen Wüsten (unter ihnen der Hl. Antonius), haben uns in den Schriften des Johannes Cassius[3] eine Art Kampfparole gegen die *acht* Laster hinterlassen.

Selig, die geistlich arm sind;
denn ihrer ist das Himmelreich
                [**Kampf** gegen Gier
                beim Essen und Trinken.]

Selig sind, die Leid tragen
sie sollen getröstet werden
                [**Kampf** gegen sexuelle Begierde.]

Selig sind die Sanftmütigen;
sie werden das Erdreich besitzen.
                [**Kampf** gegen Habsucht und Geiz.]

Selig, die hungert und dürstet
nach Gerechtigkeit; sie sollen satt werden.
                [**Kampf** gegen den Zorn.]

Selig sind die Barmherzigen;
denn sie werden
Barmherzigkeit erlangen.
                [**Kampf** gegen Trübsinn
                     und Resignation.]

Selig, die reinen Herzens sind;
sie werden Gott schauen.
                [**Kampf** gegen Überdruß,
                    geistige Trägheit.]

Selig sind die Friedfertigen;
sie werden Gottes Söhne
und Töchter heißen.
      [**Kampf** gegen Geltungs- und Ruhmsucht.]

Selig, die verfolgt werden
um der Gerechtigkeit willen;
ihrer ist das Himmelreich.
        [**Kampf** gegen Hochmut und Stolz.]

Christus zog sich auf einen Berg zurück, um vom Gipfel der Errungenschaft herab zu verkünden, daß vollkommene Seligkeit über den Pfad der *acht* Tugenden erreichbar ist – die Mönchsväter aus der Wüste irdischer Niederungen mahnten zum Kampf gegen die *acht* Laster.

Das eine, die Seligpreisungen, sind Verheißungen; das andere, die Kampfparolen, Warnungen. Entweder-Oder also? Nein – vielmehr Sowohl-Als-Auch! So war es uns bereits in dem frühen Keltenkreuz in Whithorn in Süd-Schottland begegnet. Das stoffliche Leben in der Vier, im Kreuz, stellt zwar die Hürden der Gegensätze für uns auf; sie sollen jedoch nicht unter-laufen, sondern über-wunden werden. So stellt sich auch nicht die Frage »Tugenden der Bergpredigt oder Kampf gegen die Laster?« Vielmehr geht es um eine Aufforderung: »Pflege der Tugenden *und* Kampf gegen die Laster!«

Auch der Buddhismus mißt der Acht als Symbol große Bedeutung zu; der Buddhist muß den *acht*fachen Pfad beschreiten, will er die »vierte edle Wahrheit«, die Aufhebung des Leidens, verwirklichen.

Die Keltenkreuze in Clonmacnois wissen sowohl in Bildern als auch in Symbolen wirklich etwas zu erzählen – das können wir nun, nachdem wir schon geraume Zeit unter den beiden Keltenkreuzen verweilt haben, feststellen. Wir müssen lediglich hinhören, unserem analysierenden Intellekt ein wenig Ruhe verordnen und statt dessen das innere Wahrnehmungsorgan für Vorstellungskraft und Eingebung beleben.
Können wir das?
In seinem Buch *Die Religion der Bergpredigt*[4] gibt Karl O. Schmidt mit seiner Kommentierung zur ersten Seligpreisung »Selig, die da geistlich arm sind« ein paar nützliche Hinweise, wie Hin-hören und Hin-schauen erlernt werden kann:

> *Der Ausdruck »geistlich arm«* – so Karl O. Schmidt – *ist dem Sprachgebrauch der Mystiker entnommen, die es für den veräußerlichten, wissensüberfütterten ... (jedoch) seelisch zersplitterten ... Weltmenschen als notwendig und notwendend bezeichnen, »geistlich arm«, das heißt allen Habenwollens ... und allen Scheinwissens leer und ledig zu werden ...*
> *»Geistlich arm« sind jene Glücklichen, deren Herz nicht mehr von den Dingen gefesselt ist ...*
> *»Arm« heißt nicht: ohne Besitz sein. Es heißt frei sein vom Haften und Hängen am Besitz ...*
> *Warum sind sie (die geistlich Armen) selig? Weil sie das besitzen, was den »geistlich Reichen«, den intellektuell Übersättigten, fern bleibt ...*

Ist es bei Beachtung einiger »Tips« also gar nicht so schwierig, die Symbolsprache des Keltenkreuzes hier in Clonmacnois und anderswo zu verstehen? Die »Tips« müssen nicht nur beachtet werden, sie wollen geübt sein. Dann wird es früher oder später gelingen, »geistlich arm«, von einengender Kopflastigkeit frei zu werden, und Raum zu schaffen für die inneren Organe der Intuition.

Die meisten aus unserer Reisegruppe lösen sich erst einmal von den hohen Kreuzesgestalten, gehen zum Shannon hinunter, sind nachdenklich geworden. Andere verweilen noch bei den Kreuzen und tauschen unterschiedliche Meinungen aus.

Ich gehe noch einmal zum Südkreuz zurück – allein. Die *Acht* läßt mich nicht zur Ruhe kommen. Diese Zahl ist auf dem Kreuzesschaft nicht nur durch acht Bosse sprichwörtlich aufgezählt, die einzelnen Bosse sind untereinander auch mit spiraligen Linien verbunden. Keine der *acht* Seligkeiten und der *acht* Laster (um in unserem Meditationsbild zu bleiben) führt also ein Eigenleben, vielmehr stehen sie untereinander in Wechselbeziehung und können somit den Aufstieg zur Seligkeit beschleunigen, bei Mißachtung der Regeln aber auch den Sturz in die Tiefe von Kummer und Leid verstärken.

Ich trete ein paar Meter zurück, um das Kreuz in seiner *ganzen* Gestalt deutlicher vor Augen zu haben. Und sofort dominiert wieder die Vier in Kreis und Kreuz, während die Acht auf dem Schaft als nachgeordnete Erscheinung zurücktritt. Vielleicht war die »simple« Vier in Kreis und Kreuz für die Unterweisung der ungebildeten Laien, die Acht hingegen als Meditationsanregung für Mönche und Studierende gedacht – vielleicht.

Die Sprache der Symbole kennt keine Grenzen, vor allem kennt sie keine dogmatischen Festlegungen. Wenn ich das Süd-Kreuz noch einmal von allen Seiten genau anschaue und meine Aufmerksamkeit dabei ausschließlich auf das symbolische Wesensmerkmal, nämlich auf die Vier richte, dann fällt mir auf, daß diese Zahl auch noch auf einer der schmalen Seiten des Kreuzes erscheint. Insgesamt tritt die

Vier also vier Mal auf. Das Süd-Kreuz will uns in der Sprache der Zahlen demnach nicht nur etwas über die Vier und über die Acht erzählen, sondern auch die Zahl Sechzehn in unser Blickfeld rücken. Das mag etwas weit hergeholt erscheinen, aber jede Zahl hat nun einmal ihre Bedeutung. Und in der Tat ist die Sechzehn in verschiedenen Kulturen sehr bedeutungsvoll. Rom kannte die Sechzehn zum Beispiel in seinem Maßsystem: 1 Fuß = 4 Handbreiten, 1 Handbreit = 4 Finger, 1 Fuß mithin 16 Finger. Oder schauen wir in den fernen Osten nach Indien; die heiligen Schriften der Veden kennen die *sechzehnfache* Beschwörung und die Versform aus *sechzehn* Silbeneinheiten.

Aber wir müssen uns nicht Rom oder Indien zuwenden, um die sakrale und profane Bedeutung der Zahl *Sechzehn* auszumachen. Auch hier in Irland, in keltischen Landen also, treffen wir sie in bedeutungsvollen Zusammenhängen an. In Newgrange zum Beispiel wird der gewaltige Erdhügel von 97 Einfassungssteinen umsäumt. Wird die Zahl 97 in 9 und 7 zerlegt und werden beide Ziffern dann wieder addiert, erhalten wir als Quersumme die Zahl *Sechzehn*.

Schön und gut – aber läßt sich belegen, daß die vorgestellten Deutungen der Zahlen Vier, Acht und Sechzehn richtig sind?

Es geht nicht um *die* richtige Deutung; jeder Betrachter der Symbolik auf den Keltenkreuzen mag zu einer anderen Antwort kommen. Doch wenn die Vier die stoffliche Welt vergegenwärtigen soll, dann dürfte mit der Acht die Überwindung dieser Welt und mit der Sechzehn die endgültige Rückkehr in die Welt des Geistes (Heilung von irdischen Beschwerden) gemeint sein.

Wer hier unterm Keltenkreuz steht und mit dem Nachsinnen anfängt, braucht Zeit – unendlich viel Zeit. Und bei dem Wort *unendlich* sind wir noch einmal bei der Acht angelangt; ist doch die Acht in ihrer horizontalen Ausrichtung das mathematische Zeichen für – unendlich.

Eines dürfte unstrittig sein: Bedeutungslos sind die Zahlenwerte auf dem Südkreuz von Clonmacnois ganz gewiß nicht. Wenn uns dennoch keine wissenschaftlich überprüfbare Expertise für ihre Bedeutung vorgelegt werden kann, dann mag das daran liegen, daß es gerade Wissenschaft ist, die den Zugang zur Welt der Symbole so schwer findet.

Ob Intellekt und Intuition, ob Wissen und Weisheit im Laufe der Zeit doch zu weit auseinander gedriftet sind?

Länger als geplant hatten wir zwischen den Ruinen der Klosterschule von Clonmacnois verweilt. Auf dem Weg zurück zum Eingang kamen wir noch einmal am *Inschriften*kreuz vorbei. Eigenartig: Nun, nachdem wir uns vor dem Südkreuz auf die Sprache der Symbolik eingelassen hatten, schaute uns auch das *Inschriften*kreuz mit den Augen von Symbolen an. Die Reliefbilder der Bibel, die uns vorher so vehement angesprochen hatte, erschienen uns jetzt von nachgeordneter Bedeutung zu sein. Selbst der Christus in der Kreuzesmitte war für unsere Betrachtung nun mit dem Righ nan Dul, dem *König der Elemente* der frühen Kelten, austauschbar geworden. Warum auch nicht! Hatte doch auch Franz von Assisi alle Geschöpfe und mit ihnen die Vier Elemente auf die Mitte, und damit auf den Einen hin, ausgerichtet.

Und noch etwas wurde uns erst jetzt, beim Verlassen der Klosterruinen von Clonmacnois, so richtig bewußt: Beim Inschriftenkreuz dominiert der Kreis, beim Südkreuz das Kreuz. Auch das dürfte eine Bedeutung haben. Aber welche? Wir fanden keine Erklärung.

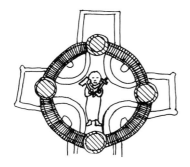
Inschriftenkreuz

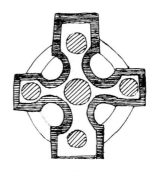
Südkreuz

Bislang hatten wir der Vier als Symbol in der Gestalt der Hochkreuze *gegenüber* gestanden; es war uns nicht bewußt, daß wir gleichzeitig auch *in* diesem Symbol standen. Das machte uns erst ein Blick auf die Irland-Reisekarte klar; Irland hatte immer, und hat auch heute noch, vier Provinzen: Leinster im Osten, Munster im Süden, Connacht im Westen, Ulster im Norden. Und wo bleibt die Mitte, die Wohnstatt des Righ nan Dul? Die geographische Mitte Irlands ist – Clonmacnois.

Zufall? Intuition? Oder hatten Kieran und der Hochkönig Dermot, die Gründer von Clonmacnois, eine spirituelle oder gar gesellschaftspolitische Absicht in diese Ortsbestimmung am Flußlauf des Shannon hineingelegt? Alte Chroniken wissen zu erzählen, daß Kieran seinem Lehrer Endan auf den Aran Inseln einst von einem Traum erzählt habe, wonach er sich selbst als einen Baum in der Mitte Irlands wachsend wahrgenommen habe. Endan habe ihm seinen Traum daraufhin so gedeutet, daß Kieran diesem Traume folgend in der Mitte Irlands ein Kloster zu gründen habe – und so sei dann das Kloster und die Lehranstalt Clonmacnois entstanden und gewachsen.

Wir verließen Clonmacnois in südlicher Richtung; so hatten wir den Shannon noch geraume Zeit als Begleiter an unserer Seite. Clonmacnois – bald war es unseren Blicken entschwunden. Aber die Hochkreuze wollten nicht aus unseren Gedanken fort. Und auch nicht die Tatsache, daß hier an den Gestaden des Shannon über Jahrhunderte hinweg bis zu fünftausend Wißbegierige zu Füßen gelehrter Äbte, Druiden und Mönche gesessen hatten (heute, in den Tagen unserer modernen Zeit, sind im Trinity College in Dublin kaum mehr Studenten immatrikuliert). Damals, im frühen Mittelalter, drängten die Wissensdurstigen vom Kontinent nach Irland, weil hier in den Klosterschulen der Drang nach Erkenntnis nicht durch den Zwang zu glauben behindert wurde. Von dieser Freiheit der Lehre wußte auch Karl der Große zu profitieren, wenn er Alkuin, der in Clonmacnois bei dem Weisen Colcu gehört hatte, an seine Palastschule nach Aachen berief. Er duldete sogar, daß Alkuin in der Normandie ein Schiff mit Kostbarkeiten belud und es übers Meer den Shannon hinauf bis nach Clonmacnois schickte, um seinen betagten Lehrer und die Gemeinschaft der Mönche mit erlesenen Weinen, Ölen und Gewürzen zu beschenken.

Doch dann kamen die Wikinger; sie raubten, plünderten, brannten. Später taten die Anglo-Normannen, von der kirchlichen Hierarchie in Rom sanktioniert, es den Wikingern gleich. Das keltische Christentum versiegte, Clonmacnois wurde bedeutungslos. In Athlone, shannonaufwärts, konnte man noch im siebzehnten Jahrhundert nachlesen, wie die Herren von der größeren Nachbarinsel über die Kultur der Kelten dachten: Auf der Brücke über den Shannon soll bis damals ein Stein gestanden haben mit der Aufschrift: »Hier endet die Zivilisation, die Barbarei beginnt.«

Welch ein Kontrast zu dem, was wir gerade unter den Keltenkreuzen in Clonmacnois, einer dürftigen Hinterlassenschaft einstiger kultureller Hochblüte, erlebt hatten!

Die Mitte des Keltenkreuzes: Der Righ nan Dul, König der Elemente. Die geographische Mitte Irlands:

                Clonmacnois.

[0] Lao Tse, *Tao Te King,* Diogenes
[1] Manfred Wester, *Einübung ins Glück – in Irland entdeckt,* Burckhardthaus-Laetare
[2] Otger Steggink/Brigitte Kleyn-Altenburger, *Der Sonnengesang des Heiligen Franz von Assisi,* Aurum Verlag
[3] Gertrude und Thomas Sartory, *Johannes Cassian Herder – Texte zum Nachdenken*
[4] Karl O. Schmidt, *Die Religion der Bergpredigt,* Drei Eichen Verlag

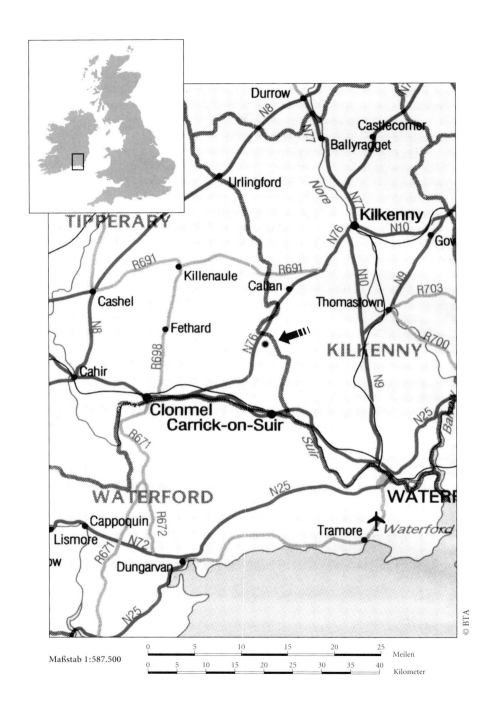

Maßstab 1:587.500

Ahenny:
Keltenkreuze zwischen
Wiesen und Weiden.

Ahenny – wo ist das?
Wer in Irland unterwegs ist auf der Suche nach Keltenkreuzen, die Exponate von Ahenny nicht versäumen will, hingegen nur eine gewöhnliche Touristenkarte zur Hand hat, der muß so fragen: »Ahenny – wo ist das?«

Wir hatten einmal wieder einen Urlaub im irischen »Königreich« (die Grafschaft Kerry sieht sich immer noch gern als Königreich) verbracht. Es war Sommer. Schöne Tage waren es gewesen. Die Wanderungen über Klippen und Strände hatten uns wieder die Augen für die wirklichen Schönheiten des Lebens geöffnet. Unsere Seelen waren wieder eingestimmt auf Werte, die letztlich zählen: Innere Ruhe, Gelassenheit, Offenheit, Kraft und Stärke. Gute Voraussetzungen waren das, uns wieder einmal unters Keltenkreuz zu stellen. Nicht um eines von vielen Kulturdenkmälern anzuschauen; vielmehr um hinzuhören, was das Keltenkreuz uns zu sagen hat.

Für Samstag war unsere Abfahrt aus der Umgebung von Waterville am Ring of Kerry geplant, unterwegs wollten wir übernachten, sonntags dann den ganzen Tag Zeit haben für die Keltenkreuze von Ahenny – so hatten wir uns als Abschluß unserer Ferien unsere Pilgerfahrt zum Keltenkreuz vorgestellt. Aber aus »wir« wurde nichts, daheim in Deutschland war Opa besorgniserregend krank geworden, Lotti hatte deshalb vorzeitig abreisen müssen – ich fuhr also allein nach Ahenny. Viele Keltenkreuze hatte ich im Laufe der Jahre aufgesucht, aber die von Ahenny kannte ich nur aus der Literatur; wie geplant, sollte aus lediglich Kennen nun Erleben werden.

Samstag vormittag verließ ich Ballinskelligs, unser irisches Zuhause. Kurz hinter Waterville riß die graue Dunstdecke über dem Atlantik auf, und unter dem Horizont zeichneten sich schemenhaft die Konturen der *scelligs,* einer felsigen Inselgruppe draußen im Atlantik, ab. Ein schöner Abschiedsgruß war das; aber ich deutete das plötzliche Auftauchen dieser Felsenpyramiden im Meer nicht als Abschied, sondern als Aufforderung, wiederzukommen.

Unterwegs bis nach Kenmare war nur wenig Verkehr, noch waren die Reisebusse aus Killarney nicht aufgebrochen zu ihrer Tagestour rund um den Ring of Kerry, es war noch zu früh. Selbst im malerischen Sneem, wo um diese Zeit touristischer Hochsaison stets lebhaftes Kommen und Gehen herrscht, standen die Bewohner noch erwartungsvoll vor ihren Haustüren. Das war die richtige Stunde für einen Filterkaffee in Barbaras *village kitchen.* »Schon so früh unterwegs?« »Ja, ich habe heute noch ungefähr dreihundert Kilometer vor mir, ich will nach Ahenny, dort die bekannten Keltenkreuze aufsuchen.« Barbaras Gesicht verriet, daß sie etwas fragen wollte, aber noch mit der Formulierung der Frage beschäftigt war: »Ahenny – wo ist das?« Niemand weiß also, wo Ahenny ist! Ich faltete meine Karte auseinander und reiste mit Barbaras Finger über Kenmare, Cork, Youghal, Dungarvan, Carrick on Suir nach … ? Ahenny war nicht zu finden, auch auf *meiner* Karte nicht. Nur gut, daß ich wußte, daß es die Ahenny-Kreuze tatsächlich gab.

Barbaras Filterkaffee duftete wie immer. Und wie immer hatte sie einen *scone,* eine Art Heißwecke, dazugelegt. »Du solltest lieber hierbleiben. Bald kommen die ersten Reisebusse, dann wirst Du bestimmt diese oder jene Deiner Reiseleiter-Kolleginnen treffen und das Neueste aus der Branche erfahren können. Kannst aber auch mir zur Hand gehen, wenn es später hoch her geht. Und Keltenkreuze, die findest Du hier doch auch. Wozu also nach – wie hieß der Ort noch?«

In Kenmare schlug der Puls des Lebens schon etwas schneller, die Touristen hielten die Ladeninhaber in Bewegung, und vorn am Ortseingang hatten Farmer aus der Umgebung Kartoffeln und Gemüse auf der Straße aufgestapelt.

Vor zwei Jahren, so wußte ich, hatte sich hier in Kenmare ein kleines touristisches Unternehmen etabliert, daß Bootsfahrten auf dem *Kenmare River* anbot. Ob ich mich da heute einmal einschiffen sollte? An Zeit mangelte es nicht, und schon war ich runter zum Pier, das Boot würde in einer halben Stunde ablegen. Es hatte sich im Mündungstrichter des Kenmare River warmer Dunst ausgebreitet. Die Berge hier auf der Seite der Iveragh- und dort drüben auf der Beara-Halbinsel waren zwar auszumachen, alles sah aber so unwirklich aus. Nicht abweisend oder gar beängstigend wirkte die Szenerie zwischen Wasser und Gebirge, nur befremdend. Es ging eine merkwürdige Faszination von diesem Fremden aus: Überall perlte es silbrig-weiß, die Dunstschleier über dem Wasser hoben und senkten sich wie in einem Reigen. Und zwischen den vertäuten Booten am Pier gluckste und raunte es; jeden Augenblick, so konnte man wähnen, würde eine Nixe im triefenden Algengewand auftauchen und mit flüsternder Stimme Geschichten aus der Anderswelt, der imaginären Welt hinter dem Vorhang unserer Sinne, zum Besten geben. Ich schaute mich betroffen um: Bei Sonnenschein hatte ich schon oft an Bootsfahrten teilgenommen. Auch Stürme hatten mich nicht davon abhalten können, zu den Arran Inseln draußen im Atlantik rüberzufahren. Aber Dunst, Nebel, Gegluckse … ? Andere Touristen, die wartend am Pier standen, mochten ähnlich empfinden, jedenfalls waren sie alle merkwürdig still.

Doch dann drangen plötzlich Laute aus unserer realen Welt an mein Ohr. *Unser* Boot kam von einer der vier täglichen Ausflugsfahrten zurück. Es bog gerade um die Spitze des Piers herum, als der Captain uns Wartenden begeistert zuwinkte: »Ist das nicht ein schöner Tag! Es kann in wenigen Minuten losgehen.« Der Mann konnte nur ein Berufsoptimist sein! Aber als wir dann abgelegt hatten und eine halbe Stunde weit draußen auf dem Kenmare River waren, erfuhren wir konkreter, weshalb das ein so schöner Tag war: »Bei diesem dunstig zwielichtigen Wetter bekommen wir viele Seehunde und Robben zu sehen.« Und als der Captain dann etwas später den Motor abstellte und unser Boot wie eine Geistergondel auf dem Fluß schunkelte, da tauchten sie tatsächlich auf und schwammen bis auf Rufweite direkt auf uns zu – so viele Robben und Seehunde auf einen Haufen hatte ich bisher nur vor der Westküste Schottlands zwischen den Eilanden um Staffa herum erlebt. Damals war es ein ähnlich dunstig-»schöner« Tag gewesen wie heute hier auf dem Kenmare river: Neblig-feucht, aber warm. »Bitte nicht mit dem Arm nach ihnen zeigen«, warnte der Captain, »sie haben schlechte Erfahrung mit Menschen, deuten einen ausgestreckten Arm als Gewehr und verschwinden sofort.« Und dann wurden wir Zeugen einer sehr merkwürdigen Begebenheit: Statt Flinte zog der Captain eine *tin whistle* aus seiner Rocktasche und spielte unseren neugierigen Ausflugsgefährten mit einer Melodie auf, die sie zu verzaubern schien. Jedenfalls reckte ein Seehund nach dem anderen seine Schnauze weiter aus dem Wasser heraus, und zwischen Nebeldunst und lichteren Zonen tauchten immer mehr Köpfe dieser illustren Zuhörerschaft auf. War es wirklich die wiegende Melodie, die unsere niedlichen Geschöpfe jegliche Scheu vergessen ließ, so daß sie gar nicht daran dachten, wieder abzutauchen? »Natürlich«, behauptete der Captain, »was sonst! Oder habt Ihr schon einmal erlebt, daß Seehunde und Robben so lange auf einem Platz verweilen?« Keiner konnte ihm das widerlegen, niemand wollte es aber auch.

Zwei Stunden später waren wir wieder am Pier. Die farbigen Boote spiegelten sich im Wasser, es hatte aufgehellt, aber es regnete – der Tag war nun nicht mehr »schön«, *soft* war es geworden. Ich schaute zurück den Fluß hinunter: Die dunstige Kulisse für Nixen-Zauber war verschwunden, alles hatte wieder die vertrauten Konturen, weit draußen im Westen wußte ich die rollende Dünung des Atlantik.

Es war Abend geworden, als ich in Dungarvan ankam. Nun wurde es Zeit für mein Nachtquartier. Ich war froh, daß das Hinweisschild *B&B* (Bed and Breakfast), das am Ende des Ortes meine Aufmerksamkeit erregt hatte, zu einem kleinen Gasthaus führte und direkt am Pier lag; in den kleinen Gasthäusern geht es meistens irischer zu als in den großen Hotels, das Essen ist in der Regel gut, und die einheimischen Bar-Gäste sind immer für einen *small talk* gut.

Der Tag war lang gewesen, aber keineswegs langweilig. Ob ich meinen leutseligen Nachbarn an der Bar fragen sollte, wie ich morgen früh auf kürzestem Weg nach Ahenny komme? Ich tat es nicht; bestimmt wäre die Antwort wieder eine Frage gewesen: »Ahenny – wo ist das?«

Sonntag Morgen: Ohne Wecker war ich schon gegen sechs Uhr auf, Möwengeschrei hatte mich geweckt. Waren mit der Flut Fischerboote reingekommen und mit ihnen ein Schwarm Möwen? Ich hatte das Fenster offen gelassen, unten im Hafenbecken war Ebbe, die Möwen feilschten um Krabben und hängengebliebene Fische. Es nieselte.
Gleich nach dem Frühstück fuhr ich los. Es war noch still auf den Straßen. Ich konnte also niemanden fragen: »Ahenny – wo ist das?« Daß es in der Nähe von Carrick on Suir lag, wußte ich. Was also sollte da schief gehen!

Es hatte aufgehört zu nieseln, als ich in Ahenny ankam – dafür regnete es jetzt. Und es hatte sich ein düsteres Einheitsgrau über Wiesen und Weiden gelegt. Keine erfreuliche Aussichten für beschauliche Betrachtungen unterm Keltenkreuz! Also blieb ich erst einmal im Wagen sitzen, kurbelte das Fenster auf meiner Seite runter und ließ meinen Blick an der grauen Friedhofsmauer entlanggleiten. Alles, was sich meinem suchenden Blick entgegenstellte, war ein Kruzifix. Ein ausgesprochen großes Kruzifix war es; das Weiß des Corpus Christi hob sich blendend wie ein Signal vor dem Grau der flachen Himmelsdecke ab.
»Wo sind denn nun die Keltenkreuze?« Ob ich mich letztlich doch verfahren hatte? Es half nichts – ich mußte aussteigen, mußte mich vergewissern. Ich war richtig gefahren – am Straßenrand konnte ich das Hinweisschild AHENNY HIGH CROSSES erkennen.

Und dann sehe ich sie, die beiden in der Literatur so bekannten Keltenkreuze: Sie stehen einige Meter hinter dem großen dominanten Kruzifix, etwas tiefer im Gelände, im zweiten Glied der Szenerie. Ein beklemmendes Gefühl steigt in mir auf: »Muß das Zeichen für römisch-lateinisches Christentum, das Kruzifix, selbst in einem keltischen Land wie Irland den Platz *vor* dem Keltenkreuz einnehmen? Gilt das keltische Christentum etwa immer noch als ketzerisch, als abtrünnig? Ist nicht der keltische Righ nan Dul, der König der Elemente, ebenfalls Christus, der Gesalbte?« Diese Gedanken müssen mich wohl einige Minuten beschäftigt haben; jedenfalls bemerke ich nicht, daß der Regen von meiner Jacke abtropft und den direktesten Weg in meine Schuhe nimmt. Was soll's – nun ich einmal naß bin, stoße ich das Gitter in der Mauer auf und gehe zu den Keltenkreuzen hinunter. Unter meinen Füßen schwappt es, als hätte ich auf einen Teppich aus Schwämmen getreten. »Das also sind die Keltenkreuze von Ahenny!« Ruhig, gelassen, bescheiden, beinahe demütig – so stehen sie vor mir. Warum der erste Eindruck so und nicht anders ist, kann ich mit Worten nicht beschreiben, jedenfalls nicht spontan. Es regnet immer noch, Jacke und Hose sind schwerer geworden. Wie gut, daß ich gleich bei der Ankunft das kleine Schildchen *coffee shop*, das sich wie ein schüchternes Veilchen in eine Hecke drückt, wahrgenommen habe.

Der *coffee shop* ist eine Veranda mit großen Fenstern, die den Blick zum Friedhof mit den Kreuzen freigeben. Im Nebenraum, aus dem der Duft frischen Kaffees zu mir herüberkommt, klappert jemand mit Geschirr. »Ich hab Dich unten bei den Kreuzen im Regen gesehen und dachte mir, daß Du bald einen Kaffee nötig haben wirst«, sagt eine Stimme, die plötzlich an meiner Seite ist. Und schon ist eine Tasse eingeschenkt – besseres kann mir jetzt nicht passieren! Meine regennasse Jacke habe ich schon abgelegt, jetzt rückt die gute Frau den elektrischen Heizofen dichter an mich heran: »Du solltest Schuhe und Socken ausziehen, ist ja alles klatschnaß.« Ich genieße den heißen, duftenden Kaffee, ich genieße die Fürsorge. Aber der Grund meines Besuches sind ja die Kreuze: »Hat es hier früher ein Kloster gegeben, ähnlich wie in

Clonmacnois?« »Die Wissenschaftler zerbrechen sich den Kopf darüber, Helen meint aber nein.« Diese Auskunft hört sich an wie ein Glaubensbekenntnis, und während die Frau Kaffee nachschenkt, schiebt sie mir eine kleine Informationsbroschüre rüber: »Helen kommt aus der Gegend; wenn eine Bescheid weiß, dann sie.« Ich blättere in dem Heftchen, um mir die Meinung von Helen M. Roe anzuhören: »Über eine Klostergründung von Ahenny ist nichts Historisches bekant. Der Ort wurde nach der Kapelle des Hl. Crispin auch *Cilclispeen* genannt; aber wenngleich dieser Name zu Recht auf das Mittelalter datiert werden darf, hat es den Anschein, daß eine zeitlich spätere Kircheneinweihung den Namen des eigentlichen Gründers in historisches Dunkel verdrängt hat.«

Meine Schuhe sind noch nicht trocken, aber mindestens sind sie nicht mehr kalt. Und als ich gerade draußen vor der Tür stehe und zu den Kreuzen rüberschaue, ist dort unten auf dem Friedhof alles wie verwandelt: Die Sonne scheint! Die Zeit muß genutzt werden – ich hole die Kamera aus dem Auto und stehe wieder vor der Friedhofsmauer. Aber der erste Eindruck läßt sich auch bei Sonnenschein nicht wegwischen: Das große Kruzifix mit dem grell-weißen Corpus Christi am Eingang bleibt dominant, die beiden Keltenkreuze aus grauem Stein bleiben in ihrer Erscheinung nachgeordnet. Der Corpus Christi auf dem großen Kreuz erzählt eine *konkrete* Geschichte, die Geschichte von Golgatha, die Geschichte von Hilflosigkeit, von Leiden und von Tod. Jeder, der in unserem Kulturkreis aufgewachsen und erzogen ist, verbindet mit dem Kruzifix diese festgefügte Vorstellung. Nicht das Kreuz – der Gekreuzigte erzählt seine Geschichte. Das Keltenkreuz hingegen ist *nur* Kreuz, hat zwar zusätzlich den Kreis, weiß aber keine Geschichte zu erzählen. Oder doch?

»Oder doch?« Mit dieser Frage im Kopf gehe ich einige Meter das abfallende Gelände des Friedhofs hinunter und stehe dann unter dem linken der beiden Keltenkreuze (in der Fachliteratur wird es als *Nordkreuz* bezeichnet). »Nein, eine historisch konkrete Geschichte kann von diesem Kreuz nicht abgelesen werden.« Aber ich *erfahre* etwas: Ich erfahre Stille. Diese Stille scheint sich auszubreiten, will den Wechsel von Sonne und Regen und auch das große Kruzifix vorm am Eingang einbinden in diese Stille wie in einen großen Kreis. Diese Stille ist nur ein Gefühl; aber ein so mächtiges und den Verstand überdeckendes Gefühl, daß die vorher gestellte Frage, ob auch das Keltenkreuz eine Geschichte zu erzählen weiß, sich nicht mehr stellt und die Suche nach einer Antwort sich erübrigt hat. Doch in dem Augenblick, als ich nicht mehr nach einer »Geschichte« *suche,* wird mir eine erzählt. Keine konkrete, keine aktuelle – dafür aber eine alte, ewig neue.

Da ist das Kreuz: Zwei Linien sind da, eine senkrechte, eine waagerechte. Würden sie sich auf ihren Wegen von oben nach unten und von links nach rechts nicht für einen Augenblick in der Mitte begegnen, sich nicht *kreuzen,* dann hätten sich beide Linien nichts zu sagen; auf ihrem Weg in die Weiten des unendlichen Raumes würden sie sich irgendwann im Chaos des Nichts verlieren. Aber als zusätzliches Element ist da noch der Kreis: Er setzt beiden »Einzel-Gängern«, der Senkrechten und der Waagerechten, ordnende Grenzen. Beide Bewegungen bringt er mäßigend zur Ruhe, lenkt ihre Kraft in den Rhythmus der kreisenden Wiederholung und sorgt so dafür, daß sich Senkrechte und Waagerechte trotz ihrer widerstreitenden Tendenzen auf der Bahn des Kreises begegnen, begegnen müssen.

Raum (templum, Tempel) und Zeit (tempus, Tempo) sind in unserem Alltagsleben so eng zu *einer* Vorstellung verknüpft wie der Gleichklang der Wörter *templum* und *tempus.* Gleichklang – wo wird mir das deutlicher vor Augen geführt als unterm Keltenkreuz, wo Senkrechte und Waagerechte, wo Oben und Unten, wo Raum und Zeit symbolhaft gleiche Wertigkeit erfahren!

(Kreis zum Teil weggebrochen)

Also wissen Kreis und Kreuz, wissen die Keltenkreuze von Ahenny doch eine Geschichte zu erzählen! Nicht nur eine: Ich löse meinen Blick von Kreis und Kreuz, lasse das Auge den Schaft auf der Ostseite des Kreuzes hinabgleiten und sehe zwei Felder mit eingravierten Ornamenten. Vorher hatten Kreis und Kreuz so vehement ihre »Geschichte« erzählt, daß ich die beiden Felder mit den eingemeißelten Motiven zwar flüchtig gesehen, sie jedoch nicht wirklich wahr-genommen hatte. Nun aber haben sie meine volle Aufmerksamkeit, und ich erinnere mich an ein Buch von Bettina Brandt-Förster, die in einer ausführlichen Studie über *Das irische Hochkreuz* auch die Kreuze von Ahenny vorstellt und kommentiert.

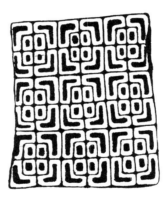

Da ist zunächst das untere Feld auf dem Kreuzesschaft. In drei Reihen wiederholt sich das Muster neun mal. Seine Struktur ist geometrisch. »Der untere Teil zeigt ein geometrisches Ornament«, so erläutert Bettina Brandt-Förster und fährt dann fort: »Neun geradlinig begrenzte Felder sind hier aneinander gereiht, aber ebenso wäre eine unendliche Wiederholung denkbar, denn dieses Motiv besitzt keine Tendenz, sich selbst zu begrenzen. Die Grenzen seiner Gestalt müssen ihm von außen gegeben werden. Hierin läßt sich das Gestaltungsprinzip der *mineralischen Welt* erkennen, des Kristalls, der seine Gestalt nicht von innen, sondern durch Anlagerung von außen erweitert.«

Die Grenzen seiner Gestalt müssen ihm von außen gegeben werden ... dieser Beschreibung folgend betrachte ich das Muster zunächst in seiner Gesamtheit: Aus neun gleichen Figuren ist es zusammengefügt. Neun ist die potenzierte Drei. Drei ist die Zahl des Ausgleichs, die Aufspaltung der Eins in die Zwei hat zur Einung zurückgefunden. Wer diesen mühevollen Weg von der Eins über die Zwei zurück zur Drei insgesamt drei mal zurückgelegt hat, ist reif für die Neun – reif für das Paradies? Es ist denkbar, daß das Muster des Reliefs zu dieser Überlegung hinleiten will; sprechen unsere heiligen Schriften doch auch von neun Engelchören in himmlischen Gefilden.

Wenn ich dem Muster weiter nach innen folge, wechselt die Betrachtung von der Drei zur Vier; denn jede der neun Einzelfiguren ist ein Viereck, in dem wiederum vier kleinere Elemente eingeschlossen sind. Eingeschlossen – ist nicht der Mensch tatsächlich eingeschlossen, eingeschlossen in seinen Körper, eingeschlossen in das Gefüge der vier Elemente, aus deren Begrenzung heraus er schaffend und übend sich selbst erlösen soll?

Wenn ich nun meine Betrachtung von innen nach außen umstelle, gedanklich von der Vier über die Drei wieder zur Neun hinaufgehe, dann wird mir bewußt, daß es wohl ein sehr langer mühevoller Weg sein muß, bis in der materiellen Welt alles gemeistert ist, bevor das Tor zur jenseitigen Welt durchschritten werden kann.
Und was sagt Bettina Brandt-Förster zu dem darüberliegenden Feld, wo die Strukturen des Musters nicht eckig und kantig sondern weich und rund sind? »Ganz anders ist das darüberliegende Relief gestaltet, in dem sich eine kunstvolle Anordnung von Trippel- oder Dreierspiralen um ein Zentrum entfaltet. Die Herkunft von dem prähistorischen Spiralornament ist noch erkennbar, aber – im Gegensatz zu der einfachen Nachahmung auf dem untersten schmalen Feld dieses Kreuzes – wirkt das Ornament verlebendigt. *Pflanzliche oder tierische Formen* entstehen dort, wo die drei Spiralenden zusammentreffen. Das Ganze fügt sich deutlich einem anderen Formprinzip als das darunterliegende geometrische Muster: Die Spiralengruppe bildet eine geschlossene Einheit; sie begrenzt sich selbst. Es herrscht hier das Prinzip der Selbstbegrenzung

und Gliederung, das wir aus dem Bereich des organischen Lebens kennen und das sich als höheres zeigt gegenüber demjenigen der mineralischen Welt.«

Es ist tatsächlich unverkennbar: »Pflanzliche oder tierische Formen entstehen dort«. *Was* sich in dieser »geschlossenen spiraligen Einheit« tut und *wie* auf dem Relieffeld alles abläuft, daß hat Jahrhunderte nach Entstehung dieses Keltenkreuzes Goethe in seiner *Metamorphosenlehre*, aber auch im *Faust* und in anderen Schriften, so anschaulich beschrieben, als hätte er bei der Niederschrift vor dem Keltenkreuz in Ahenny gestanden:

> *Ein jeder, der das Wachstum der Pflanzen nur einigermaßen beobachtet, wird leicht bemerken, daß gewisse äußere Teile derselben sich manchmal verwandeln und in die Gestalt der nächstliegenden Teile bald ganz, bald mehr oder weniger übergehen.*
>
> Goethe – Metamorphosenlehre (1)

> *Betrachten wir aber alle Gestalten, besonders die organischen, so finden wir, daß nirgends ein Bestehendes, nirgends ein Ruhendes, ein*

> *Abgeschlossenes vorkommt, sondern daß vielmehr alles in einer steten Bewegung schwanke.*
>
> Goethe – Metamorphosenlehre

> *Und auf und ab sich rollend ging das all und ein' und ewig` Ding. Immer verändert, immer beständig.*
>
> Goethe – Satyros

> *Wie alles sich zum Ganzen webt, eins in dem andern wirkt und lebt.*
>
> Goethe – Faust

Wer wollte, um das spiralige Relief auf dem Ahenny Nordkreuz zu kommentieren, den obigen Goethe-Zitaten noch etwas hinzufügen!

Beim Betrachten der beiden Felder und beim Nachsinnen über die oben zitierte Kommentierung kann es keinen Zweifel geben, daß die Reliefs keine Dekorationen sind mit der Absicht, dem Keltenkreuz ein gefälliges Aussehen zu geben. Die Muster sind aber auch keine Symbole, deren Botschaft erst durch »Zusammenfügung von Bruchstücken« (Herkunftswörterbuch DUDEN) verständlich gemacht werden müßten. Unsere Muster sind Ornamente; allerdings keine als Verzierung gedachten, sondern gut lesbare und eindeutige in Bildern gekleidete Mitteilungen.

Mineralreich, Pflanzenreich, Tierreich – diese Mitteilung muß nicht aus rätselhaften Symbolen mühsam entschlüsselt werden, die Reliefs auf dem Schaft des Nordkreuzes von Ahenny teilen sich mir unmißverständlich und leicht lesbar mit. Aber hat unsere stoffliche Welt, seit die Evolution es bis zum Menschen gebracht hat, nicht vier Lebensebenen? Wo also ist auf meinem Keltenkreuz die vierte Ebene, das Reich des Menschen, in Stein verewigt? Ich muß nicht lange suchen, um fündig zu werden: Auf der Vorderseite (Westseite) des gleichen Kreuzes ist im zweiten Feld von unten tatsächlich der Mensch dargestellt. Und damit habe ich die vier Evolutionsstufen der Schöpfung,

wenngleich auf zwei Seiten des Kreuzes verteilt, in einem zusammenhängenden Bild vor mir, nämlich:
Mineralreich, Pflanzen- und Tierreich und das Reich des Menschen.

Ich schaue dieses dritte Relief genau an: Unverwechselbar ist der Mensch dargestellt. Nicht zu übersehen ist, daß die menschliche Darstellung vier mal erfolgt, daß außerdem die Bildkomposition als solche nach einen konsequenten Vierer-Rhythmus angelegt ist. Das Gesamtbild will, ähnlich wie das spiralige Relief, von innen nach außen gelesen werden; jedenfalls geht mein Auge diesen Weg, ohne daß ich mich dazu zwingen müßte. Der innere Kern des Bildes ist ein auf der Spitze stehendes Viereck, eine Raute. Die vier Seiten der Raute sind bis an den Rand des Bildes verlängert und lassen dann jeweils ein Bein erkennen. Zusammengestellt ergeben die vier Beine eine neue Vierer-Figur, nämlich das Muster des in Irland verbreiteten Bridget-Cross. Auch die beiden Arme und Hände der vier menschlichen Figuren bilden in ihrer zusammengefügten Figur wiederum ein (wenngleich abgerundetes) Viereck. Immer wieder die Vier!

Aber das ist nicht alles, was dieses Relief mir »erzählt«. Die Mitte des Bildes, der Ursprung, beginnt mit den Füßen, auf der unteren Stufe der Evolution gewissermaßen. Das Bild entwickelt sich dann fort über Körper und Hände und läuft mit dem Kopf in den vier Ecken des Reliefs aus. Erst Füße und Hände, zuletzt der Kopf – erst (in der Frühzeit des Menschen) instinktives Handeln, auf der vorerst letzten Entwicklungsstufe dann wollendes Denken.

Vier Menschen sind auf dem Relieffeld dargestellt; es hätten ja auch zwei sein können, dann hätte die Betrachtung vielleicht zur Erschaffung des biblischen Menschenpaares Adam und Eva hingeführt. Aber nun sind hier *vier* Menschen zu erkennen. Warum vier? Sollen vielleicht die vier Wurzelrassen der Menschheit dargestellt werden: Die schwarze, die rote, die gelbe und die weiße?

Falls das tatsächlich die Absicht des mittelalterlichen Steinmetzen gewesen sein sollte, dann dürfte auch die enge Berührung der Hände eine Botschaft bedeuten, vielleicht diese: Gleichberechtigung der Rassen, friedliches Miteinander, alle Menschen sind gleich, letztendlich haben sie nur eine Wurzel! [0]

Schon Ende des achten oder Anfang des neunten Jahrhunderts wurden die Keltenkreuze von Ahenny mit den aussagekräftigen Reliefs errichtet – so berichtet Helen M. Roe in ihrer kleinen Fibel. Zwölf Jahrhunderte haben seither ihre Bahn durch die Zeit gezogen – eine lange Zeit! Um so verwunderlicher ist es, daß die Mitteilungen der Reliefs noch heute so leicht lesbar sind wie die Überschriften einer gestern gedruckten Zeitung. Noch verwunderlicher aber ist, daß die philosophisch-religiöse Aussage *hinter* den Reliefs über zwölf Jahrhunderte hinweg die gleiche geblieben ist.

Daß dem so ist, mag Christian Morgenstern, der Mystiker unter deutschen Dichtern unserer Tage, mit der Kraft seiner Worte bezeugen. Voller Demut läßt er jede der vier Evolutionsphasen unserer Mutter Erde ein Dankgebet an die zurückgelassene unter ihm liegende Evolutionsstufe sprechen:

Ich danke dir, du stummer Stein,
und neige mich zu dir hernieder:
Ich schulde dir mein Pflanzensein.

Ich danke euch, ihr Grund und Flor,
und bücke mich zu euch hernieder:
Ihr halft zum Tiere mir empor.

Ich danke euch, Stein, Kraut und Tier,
und beuge mich zu euch hernieder:
Ihr halft mir alle drei zu mir.

Wir danken dir, du Menschenkind,
und lassen fromm uns vor dir nieder:
weil dadurch, daß du bist, wir sind.

Es dankt aus aller Gottheit Ein-
und aller Gottheit Vielheit wieder.
In Dank verschlingt sich alles Sein.

Verwirrend sind die Gedanken, die mir durch den Kopf gehen, während ich die Verse von Christian Morgenstern vor mich hin rezitiere. »Sind unsere Dichter und Seher der Neuzeit hier in Irland, in Ahenny, gewesen? Haben sie zwischen Wiesen und Weiden vor den Keltenkreuzen gestanden und sich von den Reliefs aus dem frühen Mittelalter zu ihren Versen inspirieren lassen? Nicht, daß ich wüßte. Wie dann aber kommt die gedankliche und rhythmische Übereinstimmung von Bild und Wort zustande?« *Daß* hier eine Übereinstimmung vorliegt, ist in der Tat unverkennbar.

Der Steinmetz stellt sein Relief des Mineralreichs auf die Ostseite des Kreuzes, dort wo die Sonne aufgeht, wo der Tag beginnt; und er ordnet es unten an, auf der untersten Stufe der Evolution. Christian Morgenstern verfährt ähnlich: Der Stein steht am Anfang seines tiefsinnigen Gedichtes, dann folgen Pflanze, Tier und der Mensch.

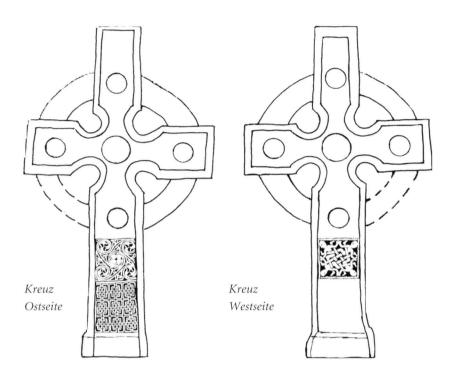

Kreuz Ostseite *Kreuz Westseite*

Beide, der unbekannte Steinmetz und Christian Morgenstern, benötigen zur Abhandlung des Themas drei Stufen: Der Steinmetz drei Relieffelder, der Dichter drei Versgruppen.

Christian Morgenstern läßt dann zusätzlich Stein, Pflanze und Tier auch dem Menschen danken. Und wenn er im Schlußvers von »Ein- und Vielheit« spricht und abschließend sagt: »In Dank verschlingt sich alles Sein«, dann könnte dieser Gedanke mit dem Meißel gar nicht besser ausgesprochen werden als in dem Relief der spiraligen Aus- und Einwickelungen von Pflanzen- und Tierornament geschehen.

» ... Aber der Geist weht, wo er will.« Wenn das Neue Testament sagt: »Weht *wo* er will«, dann ist sicher auch gemeint: »Weht *wann* er will.« Warum also sollten der unbekannte irische Steinmetz und Goethe und

Christian Morgenstern über eine Kluft von Jahrhunderten hinweg nicht vom gleichen Geist *angeweht* und zu ähnlichen Gedanken inspiriert worden sein! Um ihre Inspiration mitteilbar und verständlich zu machen, benötigte der eine den Meißel, die anderen das Wort.

Der unbekannte Steinmetz hat auf dem Kreuzesschaft aber nicht nur das elementare Gefüge der materiellen Welt (Mineralien, Pflanze, Tier, Mensch) verewigt; er hat dann auch noch alle leer verbliebenen Flächen mit Spiralen, mit Flechten und mit Knoten ausgefüllt. Warum nur? Der moderne Graphiker würde davor warnen: »Das Auge muß sich an der leeren Fläche ausruhen können.« Und in der Tat rügen einige Kritiker an den keltischen Künstlern des frühen Mittelalters, daß sie offensichtlich Angst vor der leeren Fläche hatten – zu dieser Überzeugung müsse man bei Betrachtung der Buchmalerei und der Reliefs auf den Hochkreuzen kommen. Angst vor der leeren Fläche? Für die Kelten gab es keine Leere, folglich auch keine Angst davor. Für sie war die Schöpfung ein Meer voller Leben. Und Leben, das war nach keltischer Überzeugung Bewegung und Wandel, selbst der Tod war in diesen Lebensrythmus eingebunden. Sehr treffend kommt diese Überzeugung in den Geschichten aus der *Anderswelt* zum Ausdruck. In der Anderswelt ist alles denkbar – nur eines nicht: Die Leere.

Es ist mithin nur folgerichtig, wenn auf den Keltenkreuzen über das eigentlich dargestellte Thema hinaus immer wieder die Ausschmückung »leerer« Flächen mit Spiralen, mit Flechten und mit Knoten anzutreffen ist.

Es ist inzwischen Nachmittag geworden, die Sonne wärmt, Gras und Moos im Friedhofsgelände sind nicht mehr ganz so naß. Auf dem Weg zurück zur Eingangspforte kommt wieder das große dominante Kreuz ins Blickfeld; aber jetzt sehe ich es von hinten, gewahre nicht den Corpus Christi, sehe nur die Form, nur die Gestalt des Kreuzes. Um so mehr wird mir bewußt, daß die Senkrechte bei weitem länger und damit stärker betont ist als die Waagerechte. »Von oben nach unten«, geht's mir durch den Kopf, »Betonung der Denkfähigkeit, Herrschaft, Rangordnung, Verfügung und Befolgung, Institution.« Was ich da sehe und erwäge, deckt sich in der Tat mit dem, was die *lateinisch*-christliche Kirche in Gottesdienst und Brauchtum praktiziert. Selbst den Kirchen*gebäuden* dient das lateinische Kreuz, die Betonung von oben nach unten, als Grundriß. In ihrem Buch *Formen* findet Ingrid Riedel[1] treffende Worte für die Übereinstimmung zwischen Symbol und praktischer Lebensausrichtung des römischen Christentums: »Das lateinische Kreuz, das dem späteren abendländischen Kirchenbau zugrunde liegt, führt uns, durch einen Vorhof zunächst, durch das lange Schiff der Laien. Das Querschiff durchkreuzt diesen Weg, und erst oberhalb der Kreuzung, durch erhöhte Stufen ein weiteres Mal vom Volk getrennt, beginnt der Priester- oder Mönchschor unmittelbar am Altar.«

Wie ganz anders da doch die Aussage ist, die im Symbol des Keltenkreuzes, in Kreis und Kreuz, zum Ausdruck kommt! Statt Rangordnung Gleich-Wertigkeit von Oben und Unten, von Geben und Empfangen, von Mann und Frau, von Intellekt und Intuition. Statt Herr-schaft des Menschen über die anderen Lebensbereiche Einfügung des Menschen in die Gleich-Wertigkeit anderer Daseinsformen. »Weide meine Lämmer, weide meine Schafe.« Unter dem lateinischen Kreuz wurde dieser Bibelvers über viele Menschenalter hinweg als »Linie ziehen und Linie befolgen« verstanden. Das Keltenkreuz, dem die keltischen Christen im Westen Europas nie abschwören wollten, versteht unter der Weisung »Weide meine Lämmer« Fürsorge und Obhutspflicht, nicht Befehligung.

Ich habe weder in Gesprächen noch aus Chroniken in Erfahrung bringen können, *wer* dem steinernen Kreuz in Ahenny mit Hammer und Meißel sein Wissen über das Evolutionsgeschehen unserer Mutter Erde anvertraut hat; aber ich habe die Überzeugung gewonnen, daß nur eines von Bedeutung ist, nämlich *daß* jemand dieses Wissen erlangt, es in den richtigen Zusammenhang gestellt, und es als Weisheit bewahrt und überliefert hat. Nicht *wer* die Bibel, die Bhagavadgita, den Koran verfaßt hat, ist von Bedeutung; wichtig allein ist, *daß* wir über diese Heiligen Schriften Zugang haben zu Wahrheit und Weisheit, die *aller* Rassen und Kulturen geistiger Besitz sind.

Dort lateinisches Kreuz, hier Keltenkreuz – warum? Als ich abends in Dublin dieser Frage nachhing, fand ich in dem schon erwähnten Buch von Ingrid Riedel Worte, die zuversichtlich stimmen:

> *»Die christliche Perspektive der Welt muß sich*
> *von der Fixierung auf das Kreuz von Golgatha*
> *lösen und wieder kosmische Weite gewinnen.*
> *Sonst bleibt sie hinter ihren*
> *Ursprüngen, vor allem aber hinter dem*
> *zurück, was heute Weltperspektive*
> *bedeutet:*
> *Mehr-Perspektivität.«*[2]

Wochen später kam mir zu Haus das Buch *Die Kabbala* von Heinrich E. Benedikt in die Hand. Was der Autor dort über die von Pilatus an das Golgatha-Kreuz angeheftete Inschrift zu sagen weiß, war nicht nur verblüffend, es erinnerte mich auch sofort an mein Erlebnis in Ahenny. Die uns vertraute Inschrift J.N.R.J (Jesus Nazarenus, Rex Judaeorum) seien – so Benedikt – auch die Anfangsbuchstaben der hebräischen Namen für die vier Elemente, nämlich **J**abascha (Erde), **N**our (Feuer), **R**uach (Luft) und **J**am (Wasser).[3]

Darf demnach angenommen werden, daß die Inschrift J.N.R.J. nur vordergründig eine verkürzte Deklaration des Kreuzigungsurteils war, für Eingeweihte hingegen eine Botschaft von weitaus größerer kosmischer Bedeutung hatte? Und wenn dem so wäre: Wer hatte dann dem Pilatus ein solch geschickt verschlüsseltes Orakel in die Feder diktiert? Mag sein, daß die Übereinstimmung der Buchstaben rein zufällig, die den Buchstaben zugeordneten Worte nichts mehr als eine These sind. Und dennoch: Hatte Christus mit seinem letzten Atemzug nicht ausgerufen »Es ist vollbracht"? Vollbracht – der Weg durch das Gefüge der vier Elemente dieser stofflichen Welt war geschafft, war gemeistert.

Wenn wir den Gedanken von Benedikt diese Bedeutung unterlegen, sind wir wieder beim Keltenkreuz und seiner gleich-wertigen

Ausrichtung in die vier Winde angelangt. Und ich stehe in Gedanken wieder in Ahenny, kann mich allerdings nicht erinnern, ob dem großen und so dominanten Kruzifix auch dort die Inschrift J.N.R.J angeheftet war. Ich werde wohl noch einmal hinfahren müssen, um das zu überprüfen.

»Ahenny – wo ist das?« werde ich dann nicht mehr zu fragen haben. Ich kenne den Weg, ich bin dort gewesen, habe die Keltenkreuze zwischen Wiesen und Weiden *erlebt*.

---

[0] Die Piktogramme der drei Reliefs »Mineralreich«, »Pflanzen-und Tierreich« und »Reich des Menschen« sind entnommen dem Buch *Das irische Hochkreuz* von Bettina Brandt-Förster; dem Verlag Urachhaus gebührt Dank für die freundliche Abdruckgenehmigung.
[1] Ingrid Riedel, *Formen*, Kreuz Verlag
[2] wie 1
[3] Heinrich E. Benedikt, *Die Kabbala als jüdisch‚christlicher Einweihungsweg*, Bauer Verlag

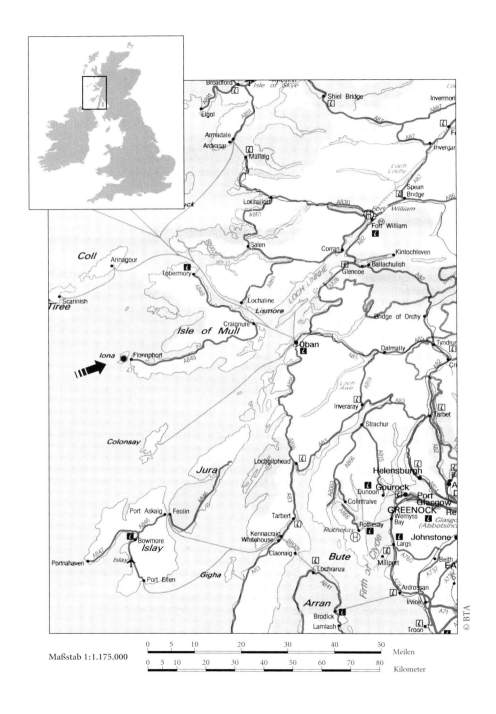

Maßstab 1:1.175.000

Iona: Christliche Kelten, keltische Christen.

Iona – welch ein Klang in diesem kleinen Wort. Nur vier Buchstaben hat es. Drei von ihnen klingen aus sich selbst heraus, aus eigener Kraft. Nur ein Buchstabe ist ein Mit-Laut, ein weicher Mit-Laut. Das »n« klingt nicht nur mit im Wohlklang von »i-o-a«; auf seiner tonlosen Schwingung trägt es »i« und »o« hinüber zum »a«, formt alle drei zu *einem* Klanggebilde, zu einem Lied beinahe.

Iona – dieses melodische Wort will nicht fort aus meinen Gedanken. Was bedeutet dieses Wort? Iona ist ein Name. Ein Name wofür? Der keltische Dichter William Sharp (1856-1905), besser bekannt unter seinem Pseudonym Fiona Mc Leod[0], stellt in seinem Buch *Iona* verschiedene Deutungen vor: I'Eoin – Insel des Johannes. Ioua – abgeleitet von dem gälischen Wort für Mond. I-shona – Insel der Heiligen. Icolmkille – Insel des Columba.

Columba ist lateinisch und heißt Taube. Iona heißt ebenfalls Taube – auf hebräisch.

Merkwürdig, diese Übereinstimmung! Wie soll ausgerechnet ein hebräisches Wort den weiten Weg in die gälische Sprache des nordwestlichen Europas gefunden haben? Die Wissenschaft weiß keine Antwort auf diese Frage. Aber haben die Kelten, Träger des gälischen Idioms, ihre Wurzeln nicht im Schwarzmeerraum, nicht gar zu weit entfernt vom Stammland der Stämme Israels? Und sind nicht elf der zwölf Stämme Israels nach der babylonischen Gefangenschaft spurlos aus der Geschichte verschwunden? Könnten es da nicht Gruppen der Verschollenen an den nordwestlichen Rand Europas verschlagen haben? Warum nicht! Kulturen werden nicht auf dem Reißbrett geplant, und nicht immer lassen sie sich im nachhinein von Historikern in einen »vernünftigen« zeitlichen Ablauf und in räumlich festgelegte Grenzen einfügen. Der Nordwesten Europas dürfte vor unserer Zeitrechnung unter den Völkern des Orients bekannter gewesen sein als wir heute vermuten. Die griechischen Mythen erzählen uns zum Beispiel, daß Apollo, der Lichtgott, vor Beginn des Winters aufbrach in das nordische Reich der Hyperboräer und zeitig im Frühjahr mit dem Sonnenlicht in den Osten zurückkehrte. Es ist außerdem zuverlässig überliefert, daß buddhistische Mönche, Orientalen also, an den Küsten Irlands und auf den Hebriden *ihre* Vorstellung vom Reich ewigen Friedens verkündet haben.

Iona – wer sich auf diesen Namen einläßt, läßt sich auf Nachdenken ein. Und Nach-Denken braucht Zeit.

Gott sei Dank – ich *hatte* Zeit. Ich stand im Fährhafen von Ullapool, hoch oben an der Nordwestküste Schottlands, und wartete auf den Bus. Es war kurz vor sieben morgens; der junge Tag döste vor sich hin.

Von den Callanish Stones auf Lewis, von denen ich mich am Tage zuvor verabschiedet hatte, konnte ich mich gedanklich noch nicht lösen, und Iona, das nächste Ziel meiner Reise, lag noch zu weit vor mir, als daß es schon meine volle Aufmerksamkeit hätte haben können.

Endlich rollte der Bus vor. Bald war der malerische *Lough Broom* unseren Blicken entschwunden. In Inverness mußte ich umsteigen, dann noch einmal in Fortwilliam. Das nächste Etappenziel hieß Oban, und spätestens von jetzt ab traten die Callanish Stones in schattige Winkel der Erinnerung zurück, während Iona in meiner Vorstellung immer deutlichere Konturen annahm. Iona – wie oft schon hatte ich die »Insel der Heiligen« besucht! Aber immer hatte ich als Reiseleiter organisatorische Aufgaben gehabt, zum müßigen Betrachten der beiden Keltenkreuze vor dem Portal der *Abbey* war nie Zeit verblieben. Das sollte dieses Mal anders sein – ich war allein, und dieses Mal waren für Iona drei Übernachtungen, also zwei volle Tage, eingeplant. Was würde ich da nicht alles in Muße betrachten, erwägen, fotografieren können! Die strapaziöse Reise mit dem Bus war vergessen, als ich in

Oban, dem quirligen Fährhafen, ankam. Die warme Nachmittagssonne hatte ihr gleißendes Licht über Promenade und Pier mit den vielen farbigen Booten und Yachten ausgestreut. Ein schönes Bild war das, ein unvergeßlich schöner Tag.

Am späten Nachmittag legte die Fähre ab, eine knappe Stunde später war ich auf der *Isle of Mull*. Es war ein Samstag. Viele, die auf dem Festland ihre Arbeit haben, kamen übers Wochenende nach Haus, auf ihre Insel; der Bus in Richtung Fährhafen *Fionphort* war deshalb voll gestopft mit Menschen – mit Touristen und mit Einheimischen. Und dann begann das mir bereits bekannte Reiseabenteuer: Nahezu einhundert Kilometer rollte, holperte und stolperte der Bus über die *single track road* (einspurige Fahrbahn). Immer wieder mußte der Fahrer halten, nicht weil eine offizielle Haltestelle das erforderlich machte, sondern weil irgend jemand im Bus sein Haus gesichtet und deshalb »stop« gerufen hatte. Oder auch deshalb, weil ein entgegenkommendes Fahrzeug an einer Ausweichstelle anhielt, der Fahrer das Fenster runterkurbelte, um mit unserem Fahrer einige Neuigkeiten des Tages auszutauschen. Niemand im Bus störte sich an diese Art zu reisen. Auch ich hatte keine Eile, meine Unterkunft auf Iona war reserviert. Und außerdem war ich ja auf dem Pilgerpfad – wozu also jagen und hetzen!

Der pochende Motor und das Durcheinander menschlicher Stimmen vermischten sich zu einer Klangfarbe, die schläfrig machte. Aber dann hielt der Bus plötzlich mit einem scharfen Ruck an, weil irgend jemand in letzter Minute »stop« gerufen hatte – und mein Nickerchen, das sich schon eingeschlichen hatte, mußte sich auf später vertrösten lassen. Das war gut so, denn die landschaftlichen Schönheiten der *Isle of Mull* sollte man nicht verpassen. Der kleine gesellig neben uns herschlängelnde Fluß, die Ginsterbüsche am Straßenrand in ihrem leuchtendem Gelb, die steilen heide- und farnüberwachsenen Berghänge – das alles breitete sich vor meinem Auge aus wie ein riesiges Patchworkgewebe aus Braun, Oliv, Gelb und Grün. Die Sonne hatte es einmal wieder verstanden, den Farben Glanz und Leuchtkraft zu entlocken.

Ich hätte dieses Lichtgestirn nicht so vorbehaltlos loben sollen! Denn von einer Minute auf die andere hatten die an den Bergen herunterströmenden Bäche und Rinnsale ihren silbernen Glanz verloren, wie stumpfes Blei hingen sie plötzlich, abgestorbenen Ästen eines morschen Baumes ähnlich, zwischen grauen felsigen Schluchten. Und die Wolken, die kurz zuvor noch in voller Fahrt am Himmel dahingejagt waren, hatten ihre Segel eingeholt und hingen nun wie zusammengelegte Säcke festgezurrt an einem leblosen Himmel. Als wir wenige Minuten später den gebirgigen Streckenabschnitt hinter uns gelassen hatten und das Meer in Sichtweite vor uns lag, hatte sich das mir sonst vertraute Bild von blaugrünem Wasser zu einem schwefeligen Gelb verfärbt. Gelb hatte ich bislang immer mit Sonne, mit Raps, mit Ernte in Zusammenhang gebracht. Und nun dieses bedrückende, beängstigende, schwefelige Gelb! Unruhe lag in der Luft, es war beinahe zu riechen.

Die anderen Reisenden mußten wohl ähnlich empfinden, denn es war nahezu still im Bus geworden. Und als wir in Fionphort ausstiegen, schien jeder froh zu sein, daß die kleine Fähre, die uns über den Sund nach Iona rüberbringen sollte, am Pier schon auf uns wartete.

Der *sound of Iona*, mir als quirlige Strömung in Erinnerung, lag still wie ein Spiegel: Trübe, gelbfleckig, tückisch. Gut, so ging es mir durch den Kopf, daß die Überfahrt nur wenige Minuten dauert. Aber selbst in dieser kurzen Zeitspanne verwandelte sich die Szenerie aufs Neue: Ohne irgend einen farblichen Übergang wechselte das schreckliche Gelb zu einem stumpfen Einheitsgrau. Die *Abbey* drüben auf Iona, die an normalen Tagen auf Besucher wie ein Willkommensgruß wirkt, hatte jegliche Konturen verloren, sie war kaum noch sichtbar, das alles beherrschende Grau hatte sie nahezu aufgesogen.

Wir hatten gerade den Fuß auf den Pier von Iona gesetzt, als schon wieder ein Szenenwechsel geschah: Von einer Sekunde auf die andere ging ein Sturm los – und was für ein Sturm! Prasselnden, peitschenden Regen zog er hinter sich her. Die wenigen Schritte zu meiner Unterkunft konnte ich nur in gebückt schräger Gangart zurücklegen. Aber obwohl Sturm und Regen scharf ins Gesicht schnitten, war das eine Erleichterung; im Vergleich zu der trügerischen Ruhe des undefinierbaren Gelb am Himmel und auf dem Wasser waren Sturm und Regen alte Vertraute. Beide würden gehen wie sie gekommen waren – das wußte ich von vielen Reisen durch diese exotische Welt von Inseln und Eilanden. Und so geschah es auch: Ich hatte gerade erst meinen Koffer ausgepackt und trockene Sachen angezogen, als der tosende Sturm sich zu einer normalen Brise beruhigt hatte.

Es war Abend geworden. Und obwohl der Himmel im Westen noch verglimmendes rosafarbenes Licht zeigte, hatte die *Abbey* sich schon mit dem grauen Schatten zugedeckt, den der gegenüberliegende Felsenhügel hingeworfen hatte. Viel zu sehen gab es für heute nicht mehr. Aber das letzte dünne Licht des Tages ließ noch zu, daß sich die beiden Keltenkreuze in Ihren Umrissen schemenhaft von dem Gemäuer der *Abbey* abhoben. Gerade weil keine Einzelheiten mehr zu erkennen waren, wirkten die *Gestalten* der beiden Kreuze massiver und beherrschender als ich sie von früheren Besuchen in Erinnerung hatte. Was mir sonst nie aufgefallen war, stand an diesem Abend in prägnanter Deutlichkeit vor mir: Das *Martinskreuz* war vom Kreis eng, beinahe fürsorglich, umschlossen. Das *Johanneskreuz* hingegen reckte Schaft und Arme weit aus dem Kreis heraus. »Wie unterschiedlich doch die Gesten dieser beiden Kreuzesgestalten sind! Was wollen sie mit der Sprache der Gebärden sagen?« Vielleicht dieses: Innen und außen, Besinnung und Verkündigung, Idee und Tat, Ruhe und Tätigkeit, Gebet und Arbeit.

Für heute Abend mochte ich diese spontanen Eindrücke gedanklich nicht mehr vertiefen; der heutige Pilgerpfad war, wenn auch nicht strapaziös, so doch ermüdend gewesen.

»Morgen werde ich sehr früh aufstehen, mich unter die Keltenkreuze stellen und hören, was sie mir zu sagen haben« – mit diesem Vorsatz ließ ich den Tag hinter mir zurück; bald hatte er sich im Meer der Nacht verloren.

Sonntag Morgen ... als ich aufwache, ist es noch sehr früh. Frühstück gibt es erst ab acht, so ist auf der schwarzen Tafel neben der Rezeption zu lesen. Also mache ich mich auf zu den Keltenkreuzen; der Weg dorthin, unten am Flutsaum entlang, dauert nur wenige Minuten. Durch zwei Häusergiebel hindurch erkenne ich schon hinter der ersten Wegebiegung Dach und Turm der *Abbey*. Was gestern abend nur schemenhaft sich abzeichnete, liegt jetzt in hellem Sonnenglanz vor mir. Und da bin ich auch schon angekommen am Ziel meiner Pilgerreise – ich stehe vor den beiden Keltenkreuzen ...

Das dominantere von beiden ist das frei stehende Martinskreuz. Seine schlanke Gestalt reckt sich achtunggebietend vor mir hoch und zeichnet seine Umrisse markant vor dem sonnenhellen Osthimmel ab; die Reliefs auf der mir zugewandten Westseite sind zwar zu sehen, offenbaren allerdings nicht ihre zeichnerischen Details – die werden nachmittags bei Einfall der Westsonne besser zu erkennen sein. Also stelle ich mich auf die Ostseite des Kreuzes, um es mit dem einfallenden Sonnenlicht betrachten zu können. Nun stellt sich mir das Kreuz auf eine völlig andere Art dar: Die Konturen der Kreuzesgestalt treten zurück – um so deutlicher rückt die *Aussage* des Kreuzes in mein Blickfeld. Welche Aussage denn? Unverkennbar ist es die Vier, die mich anspricht. Nicht als vertraute Ziffer, sondern als Form. Da sind zunächst die vier stark hervorgehobenen Bosse im Bereich des Ringes, die ganz spontan die Vier erkennbar machen. Und als mein Auge dem Verlauf des Schaftes nach unten folgt, ist es wieder die Vier, die sich mir mitteilt, und zwar gleich drei mal. Ich lasse meinen Blick wieder den Kreuzesschaft hinaufgleiten; tatsächlich: Oben eine große Vier, im unteren Bereich drei mal eine kleinere Vier. Aber die drei kleinen Vieren sind nur klein in ihrer Form, in ihrer Qualität sind sie groß, denn das Ergebnis ist die Zwölf. Daß die Zahlen Vier und Zwölf nicht nur mathematische Größen sind, darüber hinaus vielmehr auch tiefe symbolische Bedeutung haben, ist für mich keine überraschende Entdeckung – zu oft habe ich schon vor Keltenkreuzen gestanden und versucht, die Sprache dieser Symbole zu erfassen. Auch jetzt hier auf Iona tauche ich in die wortlose Sprache der Symbole ein. Die Stille ringsherum begünstigt eine meditative Seelenstimmung. Verse des libanesischen Dichters Khalil Gibran steigen in meiner Erinnerung auf:

> *Und was ist Wissen in Worten anderes*
> *als ein Schatten wortlosen Wissens?*[1]

Ich sinne einen Augenblick über die tiefe Weisheit und die leuchtende Schönheit dieser Dichterworte nach: Die Zahlensymbolik auf dem Martinskreuz teilt ihr Wissen mit, ohne Worte bemühen zu müssen; dagegen kommt mein Versuch, die Symbole mit Worten zu *beschreiben*, in der Tat einem »Schatten« gleich, gemessen an der den Symbolen innewohnenden Aussagekraft.

Die Vier, die Zwölf – es ist verlockend, über die esoterische Bedeutung von Zahlen nachzusinnen. Diese Verlockung verstärkt sich noch, als ich zum Johanneskreuz hinüberwechsele und auch hier von Zahlensymbolik und nicht von Bildern angesprochen werde.

Aber im Augenblick widerstehe ich der Versuchung, an diesem sonnigen Sonntag Morgen in der Sprache der Symbolik Fortschritte zu machen – ich habe noch nicht gefrühstückt. Also gehe ich ins Hotel zurück, und als es gleich am Eingang verführerisch nach Speck und Eiern und Tee duftet, da kann ich dieser Verlockung nicht länger widerstehen.

Eine Stunde später bin ich wieder bei der *Abbey* und den beiden Keltenkreuzen. Noch ist es früh am Tag, Touristen werden frühestens ab elf Uhr ankommen, also kann ich vorerst noch ungestört mit den Kreuzen Zwiesprache halten.

Die Sonne steht nun höher, so daß die Westseite des Martinskreuzes etwas lichter geworden ist. Der größte Teil des Schaftes ist mit szenischen Bildern überzogen; aber Wind und Wetter der Jahrhunderte haben das Relief so stark abgeschliffen, daß ich aus den figürlichen Darstellungen keine klare Deutung ablesen kann. Um so prägnanter ist die Aussage im unteren Feld des Schaftes: Ich erkenne zwei mal die Drei, dargestellt als Dreiecke, die so zu einer Figur zusammengefügt sind, daß ein Dreieck mit der Spitze nach unten, das andere mit der Spitze nach oben zeigt. Wo die Spitzen der Dreiecke sich berühren, ist die Mitte dieser geometrischen Figur. Und die Mitte ist, so jedenfalls lese ich das Relief, als ein die Zahlenfigur umklammernder Kreis dargestellt. Eine Klammer soll verbinden, soll zusammenhalten – so versuche ich weiter zu interpretieren. Aber was soll zusammengehalten, was soll miteinander verknüpft werden? Die beiden Dreiecke, zwei mal drei, natürlich. Als rechnerische Summe ergibt das dann die Sechs. Wenn die Mitte, erkennbar gemacht durch die Klammer, hinzugerechnet wird, ist das Ergebnis meiner frühsonntäglichen Rechenübung die Sieben.

Ich trete einige Schritte vom Kreuz zurück – die biblischen Bilderszenen verlieren sich fast bis zur Unkenntlichkeit in der Tiefe des steinernen Materials, die Symbolik des unteren Feldes hingegen bleibt auch bei einigen Metern Abstand deutlich erkennbar.

*Martinskreuz
Westseite*

Ostseite

Nun wechsele ich auf die Ostseite des Kreuzes, und da sind sie wieder, die Zahlen. Die Vier und die Zwölf zwingen sich in ihrer Deutlichkeit geradezu auf. Aber auch die Sieben ist da, sie muß auf dieser Seite des Kreuzes allerdings aus der Formensprache entziffert werden: Die erste Form ist das Kreuz, die Vier. Der Kreis, als Zahl ausgedrückt die Drei, ist die zweite Form. Beide zusammen, die Formen Kreis plus Kreuz in Zahlenwert übertragen, ergibt Sieben.

Ich fasse zusammen: 3, 4, 6, 7, 12 … ob ein später Schüler des Pythagoras hier auf Iona Pate gestanden hat, als diese beiden Kreuze im neunten Jahrhundert seiner Bestimmung übergeben wurden?

»Willst Du auch zum Gottesdienst in die *Abbey?*« Die Frau, die mich das fragt, ist eine Einheimische, und ehe ich antworten kann, ist sie schon am Portal des Gotteshauses angekommen. Als ich, etwas zögernd zunächst, ebenfalls eintrete, bin ich überrascht, daß nahezu alle Plätze schon besetzt sind.

Ich schaue mich in der Kirche um und versuche, möglichst im vorderen Bereich noch einen Platz zu finden; doch die sind alle besetzt oder reserviert. Aber warum nur reservierte Plätze in einer Kirche? Ich bin etwas irritiert. Jemand hinter mir scheint das zu bemerken: »Die Plätze dort im Gestühl sind reserviert für *members* und *associates*.« Also auch hier, wie überall, Privilegien für »Insider"? Mein Hintermann scheint mir vom Gesicht abzulesen, was ich denke: »Nur heute sind die Plätze reserviert, heute ist nämlich der 9. Juni, also *St. Columba's Day;* da kommen alle Mitglieder, teilweise von weit her, um dem Gedenkgottesdienst beizuwohnen.« Großer Gott, das hätte ich doch wissen müssen! Ich drehe mich zu dem freundlichen alten Herrn um, bedanke mich und sehe, daß sein Gesicht in richtiger Festtagsstimmung strahlt. Iona am *St. Columba's Day* – bin ich ein Glückspilz!

Der Gottesdienst verläuft nach einem völlig anderen Muster als ich es von zu Hause gewöhnt bin. In der Mitte des Kirchenschiffes steht ein junger Mann, intoniert eine Liedmelodie, fordert die Besucher zum Nachsingen auf, hebt die Arme zum Dirigieren und … es klappt.

Alle singen seine Melodie nach, es hört sich gut an. Wie kann das ohne vorheriges Üben nur so gut funktionieren? Gewiß, den »Insidern« ist alles vertraut; aber auch die Fremden im Kirchenschiff haben keine Probleme; sie singen voller Enthusiasmus mit, als hätten sie die gerade erst gehörten Lieder von Kindesbeinen an gesungen. Wie kommt das nur? Später nach dem Gottesdienst wird es mir erklärt: »Den Melodien von John Bell unterliegen gängige Bibeltexte, und sie sind so einfach und einprägsam, daß sie sich sofort mühelos festsetzen.« Ich muß meinem Gesprächspartner zustimmen, hatte ich selbst doch auch nach nur einmaligem Hinhören sofort mitsingen können.

Eine Frau hält die Predigt. Natürlich fällt am heutigen Gedenktag immer wieder der Name *Columba*. Aber noch häufiger kommt das Wort *community* über ihre Lippen. Gemeinschaft: Dieses Wort scheint bei der *Iona Community* Programm zu sein. Von Gemeinschaft mit den Armen, Entrechteten und Diskriminierten, selbst von Gemeinschaft mit Tieren und Pflanzen, spricht die Predigerin. Und um deutlich zu machen, daß Gemeinschaft kein Hülsenwort ist, ihm vielmehr Kraft innewohnt, kommt sie auf die Wildgans, das Emblem der *Iona Community*, zu sprechen. In der Gemeinschaft, so die Predigerin, kann die Wildgans eine um siebzig Prozent größere Entfernung zurücklegen, und sie ist dann um fünfundsiebzig Prozent schneller, verglichen mit einem Alleingang. Gestik und Stimme werden mit einer solchen Bestimmtheit eingesetzt, daß die Überzeugung aufkommt: Das ist's, genau das ist wahres Christentum – Gemeinschaft! Ich gewinne den Eindruck, daß nahezu alle Zuhörer zu dieser Überzeugung gekommen sind: Gemeinschaft ist alles. Und wie getragen von dieser Welle der Überzeugung bekräftigt die Predigerin in ihrem Schlußwort noch einmal: »Gemeinschaft mit allem, Gemeinschaft mit Allen.« Wie das Finale einer großen Symphonie hallen diese letzten Worte in der *Abbey*-Kirche nach.

Und dann wird Gemeinschaft *praktiziert*. Zum Abendmahl gehen die Kirchenbesucher nicht zum Altar hinauf, um Brot und Wein zu empfangen; nein, die Ministranten kommen in das Kirchenschiff herunter, brechen das Brot unter den Augen ihrer Brüder und Schwestern, reichen Brot und Wein und fügen hinzu: »*peace*« – »Friede sei mit Dir.«

Alle Gottesdienstteilnehmer verstehen die Geste, wenden sich ihrem Nachbarn zu und wiederholen: »*peace*« – »Friede sei mit Dir.«

Nichts wirkt gekünstelt, niemand ist befangen. Hier auf Iona hat man sich von Hierarchie verabschiedet; man lädt nicht gönnerhaft ein zum Abendmahl, man geht und gibt. So wie die Iona-Leute es auf den Straßen und in den Slums von Glasgow, Liverpool und anderswo tun: Sie gehen hin zu den Bedürftigen und – geben. Geben Brot, Unterkunft, Arbeit, Trost und eben Gemeinschaft. Mit markigen Worten hatte George MacLeod, Gründer der *Iona Community* zu diesem Tat-Christentum aufgerufen: »Ehre sei Gott in der Hauptstraße – nicht Ehre sei Gott in himmlischen Höhen.«

Die Ministranten gehen wieder zum Altar zurück, vier Frauen sind es und drei Männer. Vier und drei – das sind ja sieben! Sofort eilen meine Gedanken zurück zum Martinskreuz vor dem Kirchenportal, und als wenige Minuten später der Gottesdienst beendet ist, bin ich einer der Ersten, der draußen ist: Ich stehe wieder unterm Keltenkreuz. Hier die Sieben als Relief, drinnen beim Gottesdienst die Sieben als lebendiges Symbol – ob das ein bewußt praktizierter Ritus ist? Ich gehe zum Informationsbüro und bitte um Auskunft. »Ist mir nie aufgefallen«, sagt die junge Frau etwas verunsichert ob meiner eigenwilligen Frage. »Die Sieben auf dem Kreuz mußt Du mir zeigen«, fügt sie dann hinzu, und schon ist sie mit mir auf dem Weg. Ich deute auf den Schaft. »Die beiden Dreiecke meine ich mit den jeweils drei hervorgehobenen Bossen und der verbindenden Klammer.« Sie stutzt: »Hab' ich noch nie bemerkt; aber wenn man will, kann man aus der Figur tatsächlich eine Sieben herauslesen. Dreiecke kann ich allerdings nicht erkennen, für mich sind das eher zwei Herzen.« Die junge Frau hat Recht, und als ich ihr das gerade sagen will, ist sie wieder fort – sie hat im *bookshop* zu tun, denn mittlerweile hat die Fähre in kurzen Abständen Gruppen von Touristen auf die Insel rübergebracht, und die wollen bedient sein.

Herz, Sieben, Glückszahl – ich kann mich mit der Idee, daß die Dreiecke Herzen sind, gut anfreunden. Als ich zur Abwechslung mal wieder zum Johanneskreuz rübergehe, erkenne ich hier die Sieben gleich drei mal. Aber auf diesem Kreuz offenbart sich die Sieben nicht durch die Form eines Herzes, sondern in sachlich geometrischer Form.

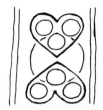

Es ist inzwischen früher nachmittag geworden, als ich mich von den Kreuzen löse und im *coffeeshop* auf der Straßenseite gegenüber einen kleinen Imbiß einnehme. Ich komme mit einigen Tagesbesuchern ins Gespräch: »Es ist hier irgendwie anders als bei anderen historischen Stätten, die wir besucht haben. Stiller, ruhiger – obwohl doch ganz schön viel Betrieb ist. Wie soll ich es beschreiben? Na ja, es ist eben anders.« Hilflos hebt die Engländerin, die so nach einer Erklärung für das Phänomen *IONA* sucht, die Schultern.

Es regnet. Aber es bleibt mild. So mache ich erst einmal einen Spaziergang über blumenbunte Wiesen runter zum Strand und zu den Klippen. In meiner Karte ist vermerkt, daß hier an dieser Stelle im neunten Jahrhundert die Wikinger auf der Suche nach Gold- und Silberschätzen gelandet waren und alle Mönche, die sich ihnen in den Weg stellten, niedergemacht haben sollen. Tausend Jahre lang haben die Wellen des Atlantiks versucht, diese schrecklichen Geschehnisse zuzudecken. Aber als unmittelbar nach dem letzten Weltkrieg George Macleoad und seine Helfer die *Abbey* wieder aufbauten und es an Holz mangelte, da erinnerte sich Norwegen an die Missetaten seiner Ahnen und schickte als Sühne eine Schiffsladung wertvollen Bauholzes nach Iona – welch ein schöner Friedensgruß! Die Leute der *Iona Community* zeigen Besuchern heute noch gern, wo dieses »Sühne«holz verarbeitet worden ist.

Es regnet immer noch. Aber es stört nicht. Denn in Abständen von wenigen Minuten zwinkert immer wieder die Sonne durch ein Wolkenloch. So schnell wie der Wind übers Meer fegt, so schnell wechseln dann die Wasserfontänen, die an den Riffen draußen im Meer hochsteigen, von Blau über Grün bis hin zu einem klaren durchsichtigen Weiß ihre Farbe. Zieht die Sonne sich dann wieder hinter den Wolkenvorhang zurück, läuft die gleiche Szene rückwärts ab: Weiß, grün, blau. Beinahe in gleichem Rhythmus, wie die Farben des Wassers wechseln, verändern sich die Wolkenformationen am Himmel: Mal gehen sie wie geschmeidige Einzelgängergestalten ihres Weges, dann wieder lassen sie sich von einer Windböe zu einer massigen grauen Mauer zusammenpressen. Die ganze Szenerie zwischen Himmel und Meer gleicht einem Schauspiel, das sich um keinen Preis in der Welt an die eingeprobte Regie halten will.

Auf des Ewigen Geheiß
sind aus dem einen stillen Weiß
alle anderen Farben geboren.
Auf verschlungenen Wegen
auf verborgenen Stegen
haben sie, frei und ohne Gewalt,
Formen sich erkoren
von einfacher Gestalt
aufsteigend zu vollendetem Leben.
Und immer wieder dieses:
Dankbar nehmen, freudig geben …
Wenn so dann alle Formen durchschritten,
wenn aller Farben Glanz durchlitten,
fließt auf des Ewigen Geheiß
alles wieder zurück in das eine stille Weiß.

Werner Antpöhler

Da – ein Regenbogen! Hier in der Inselwelt der Hebriden ist der Regenbogen nichts Ungewöhnliches. Und doch lassen seine Farbenpracht und seine Spannweite auch heute mein Herz wieder höher schlagen. Rot, orange, gelb, grün, blau, indigo, violett – welch eine Pracht! Vor allem aber: Welch eine Harmonie im Spektrum dieser sieben Farben!

Da ist sie wieder, die Sieben! Drei mal bin ich dieser Zahl heute schon begegnet: Auf dem Keltenkreuz, beim Gottesdienst in der *Abbey* und nun hier draußen am Meer.

Ich bin versucht, wieder zu den Kreuzen zurückzugehen und mich im Fach Formen- und Zahlensymbolik weiter unterweisen zu lassen. Aber das Rauschen der Meereswogen und die kapriziösen Wechsel von Farben und Formen zwischen Luft und Wasser halten mich fest.

Später gehe ich runter zum Pier, wo die letzten Tagesbesucher sich einschiffen für die Rückreise. Mir fällt auf, daß alles viel ruhiger abläuft, als ich das sonst von Reisegruppen gewöhnt bin. Iona hat sie gelehrt, daß Stille ein kostbares Geschenk ist – das jedenfalls ist mein Eindruck.

Mein erster Iona-Tag ist vorüber.

Heute ist der 10. Juni. Ich bin zeitig aufgestanden; bevor die ersten Touristen kommen, stehe ich schon wieder unter den beiden Keltenkreuzen. Gestern hatte ich sie wiederholt betrachtet, daran kann ich heute anknüpfen – die Kreuze »sprechen« zu mir.

Die Erscheinungen des Lebens teilen sich mit durch Form, Zahl, Farbe und Klang. Die Keltenkreuze beschränken ihre Mitteilungsmöglichkeiten auf Form und auf Zahl. Es wäre zwar naheliegend, daß hier auf Iona, wo maßgeblich das farbenprächtige *Book of Kells* verfertigt wurde, auch die Keltenkreuze farbig angelegt waren; aber das kann nicht nachgewiesen werden.

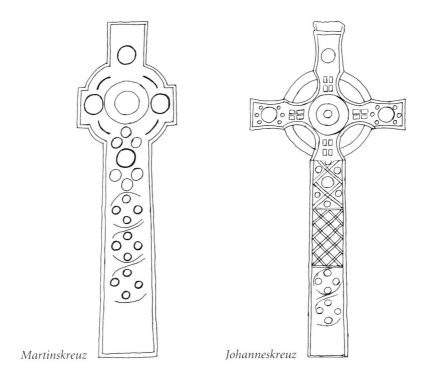

Martinskreuz *Johanneskreuz*

Wie soll ich anfangen? Und wo, beim Martinskreuz oder beim Johanneskreuz? Auf der Ost- oder auf der Westseite der Kreuze? Oben oder unten? Ich mache es anders: Zählen ist das einfachste, ich fange also mit Eins an und sehe dann, was die beiden Kreuze mir über das hinter den Zahlen verborgene »geheime« Wissen zu sagen haben.

Eins – Ur-Beginn, Schöpfungsursprung

Die Eins, obwohl als geometrische Figur nur ein Punkt, beinhaltet alles, was wird oder werden kann. Sie selbst bleibt immer unverändert, selbst die Multiplikation mit sich selbst bringt kein Mehr, denn ein mal Eins bleibt Eins. Eins ist Ein-heit, ist Ein-falt.

»ICH BIN« – so sagt der Gott der Juden, der Christen und der Moslems. Und darüber hinaus: »Du sollst keine anderen Götter neben mir haben«.

> *So wahr als aus der Eins die Zahlenreihe fließt,*
> *so wahr aus einem Keim*
> *des Baumes Krone sprießt,*
> *so wahr erkennest Du, daß der ist einzig einer,*
> *aus welchem alles ist, und gleich ihm ewig keiner.*
>
> Rückert

Auf dem Keltenkreuz teilt sich die Eins als Mitte mit, sichtbar gemacht als groß aufgeworfener Reliefbuckel in der Mitte von Kreis und Kreuz. Immer richtet sich der Blick des Betrachters zuerst auf diese Mitte, dann erst gleitet das Auge den Schaft hinunter, um weitere Einzelheiten zu betrachten. Die Mitte ist Anfang und Ende, Alpha und Omega.

> *Im Anfang war das Wort ...*   Johannes-Evang.

Zwei – Aufteilung in Gegensätze

*Und er schied das Licht von der Finsternis,
und er nannte das Licht den Tag,
und die Finsternis nannte er Nacht.* Genesis

Die Aufteilung der Eins in die Zwei, vom Punkt zur Linie, kann im Ergebnis dual oder polar sein, kann Entweder-oder, aber auch Sowohl-als-auch bedeuten.

Dual sind zwei voneinander unabhängige ursprüngliche Prinzipien, wie es z.B. beim Manichäismus in den Gottheiten Ahrinam und Ahura Madzda zum Ausdruck kommt. Die Konstellation ist die des Entweder-Oder.

Polar ist zwar ebenfalls gegensätzlich, jedoch bei wesenhafter Zusammengehörigkeit. Das chinesische Symbol von Yin und Yang teilt den Kreis (die Eins) in zwei wesenhaft zusammengehörende, sich wechselseitig bedingende und ergänzende Hälften. Tag und Nacht, Licht und Dunkel, Mann und Frau, Schöpfer und Geschöpf, Himmel und Erde, Geist und Materie – das alles ist Zwei, aber zwei in Einem. Anders ausgedrückt: Polar heißt Sowohl-als-auch. Als Jesus gefragt wurde: »Wann wird Dein Reich kommen?«, gab er zur Antwort: »Wenn zwei eins geworden ist.«

Und was sagen die beiden vor mir stehenden Keltenkreuze über die Zwei aus? Die Punkt-Mitte, die Eins, dehnt sich zu einer Linie aus. Diese nimmt ihren Weg in zwei Richtungen: Nach rechts und nach links. Beide Teillinien, links und rechts, erscheinen zunächst als unabhängige und voneinanderwegstrebende duale Bewegungen, als Entweder-Oder. Aber der Punkt der Mitte, aus der die Linie sich ent-wickelt, macht deutlich, daß rechts und links wesenhaft zusammengehörende Polaritäten sind. Nicht Entweder-Oder – Sowohl-als-auch lehrt uns die Zwei auf dem Keltenkreuz.

Drei – Einheit durch Gleichgewicht

> *Der, der das Gleichgewicht hält,*
> *jenseits des Wechsels von Liebe und Haß,*
> *jenseits von Gewinn und Verlust,*
> *von Ehre und Schmach,*
> *hält die höchste Stellung in der Welt.*[2]
>
> *Tao Te King*

Drei bedeutet Einheit, so wie auch die Eins Einheit bedeutet. Aber Eins ist die Einheit des Ursprungs; Drei die der Wiederkehr, nachdem die Gegensätze der Zwei überwunden sind. Zwei heißt vervielfältigen – die Drei vervollständigt, rundet ab. Zwei ist teilen, ist Schöpfungsprinzip. Drei führt zusammen, symbolisiert Zeugung.

Wenn Mann und Frau aus ihrer Gegensätzlichkeit heraus sich einen, wird das Kind als dritte Person gezeugt.

Augustinus störte am Manichäismus, dem er lange treu ergeben war, der unüberbrückbare Gegensatz des Dualismus. Deshalb wohl verfocht er später so vehement die christliche Trinitätslehre: Vater, Sohn und Heiliger Geist.

Die Drei als wiederkehrende Ein-ung atmet Harmonie – deshalb die musikalische Ausgewogenheit des Dreiklangs. Überall in Religion, Philosophie, Literatur und auch im täglichen Leben ist dieser Dreiklang anzutreffen:

Anfang-Mitte-Ende. Geburt-Wachstum-Tod. Die Hindus erkennen Schöpfung, Erhaltung, Zerstörung in den Gottheiten Brahma-Vischnu-Schiva. Die Griechen haben die Götter-Triade Zeus-Athene-Apollo. In Ägypten wurden Isis-Osiris-Horus verehrt. Die von den Griechen gelehrte Einheit Geist-Seele-Leib oder Gedanken-Worte-Werke ist bei Theologen und Medizinern aktuell geblieben.

Glaube-Hoffnung-Liebe. Die Grundfarben rot-blau-gelb. Vergangenheit-Gegenwart-Zukunft. Säuren-Basen-Salze ... immer stoßen wir in Redewendungen und bei den profanen Dingen des Lebens auf die Drei, und immer kommt dann das Gefühl auf, daß wir es mit Ausgewogenheit, sichtbar gemacht in den Formen von Dreieck oder Kreis, zu tun haben.

Parsivals Weg durchs kreisende Labyrinth des Lebens führt von der Ein-falt über Zwei-fel zur Seligkeit.

Das Versmaß in Dantes *Die göttliche Komödie* ist drei-gliedrig.

Christus sagt: »Ich bin der Weg, die Wahrheit und das Leben.«

Und wo erkenne ich die Drei auf den Keltenkreuzen?

Die Linie, geboren aus dem Punkt, entlaufen in die hoffnungslos erscheinende Gegensätzlichkeit von links und rechts, findet zurück zur Mitte, zurück zum Punkt auf seiner höheren Ebene – dem Kreis. So stellt sich der Werdegang von Eins über Zwei hinauf zur einenden Drei in geometrischer Form als Kreis dar.

Diesen Weg von Einheit über Teilung zurück zur Einheit hat auch Mörike sehr sinnfällig im Wohlklang unnachahmlicher Verse festgehalten:

> *Herr, schicke was Du willt:*
> *Ein Liebes oder Leides,*
> *ich bin vergnügt, daß beides*
> *aus Deinen Händen quillt.*
> *Wollest mit Freuden*
> *und wollest mit Leiden*
> *mich nicht überschütten,*
> *doch in der Mitten*
> *liegt holdes Bescheiden.*

Vier – geordnete Welt

Norden-Süden-Westen-Osten. Feuer-Luft-Wasser-Erde. Mineralien-Pflanzen-Tiere-Mensch. Die vier Temperamentstypen, die vier Jahreszeiten. Höhe-Länge-Tiefe-Breite. Kalt-warm-trocken-feucht. Säugling-Kindheit-Reife Alter ... wir können uns in unserem praktischen Leben umschauen wo wir wollen: Überall begegnen wir der Vier als ordnende Kraft. In dieser so geordneten Welt finden wir uns zurecht. Die englische Sprache kennt das geflügelte Wort *a square man,* ein vier-kantiger, ein gestandener Mann. In unserer deutschen Sprache kennen wir das Stadt*viertel* oder die Zeiteinheit von drei Monaten als Quartal, das *Viertel* des Jahres.

Aber auch im sakralen Bereich stoßen wir bei vielen Kulturen auf die Vier: Die vier Evangelien bei den Christen. Bei den Hindus die vier Paradiesesflüsse und die vier Vedas (heilige Bücher). Und der Islam kennt die vier heiligen Bücher (Thora, Psalmen, Evangelium, Koran) und die vier rechtgeleiteten Kalifen.

Als Form offenbart sich die Vier im Quadrat und im Kreuz. Als Quadrat mit seinen vier gleichen Winkeln und mit seinen vier begrenzenden gleichen Seitenlängen strahlt die Vier Ruhe und Erdenschwere und damit Geborgenheit aus. Anders die Vier als Kreuz: In dieser Figur vermittelt die Vier die Vorstellung von Begegnen, Weitergehen, Zurückkommen – von Bewegung also. Das Kreuz wirkt nicht bodenständig und behäbig wie das Quadrat, es suggeriert Dynamik.

Aber ich stehe hier nicht vor dem Typ von Kreuz, wie es uns vom Kontinent vertraut ist – ich stehe unterm Keltenkreuz; und auf ihm ist die dynamische Bewegung von links nach rechts und von oben nach unten nicht grenzenlos offen, sie wird vielmehr vom Kreis aufgefangen und eingebunden in einen geordneten Rhythmus von Kommen und Gehen, von Geburt und Tod.

Die Drei, symbolisiert im Kreis, öffnet und vervielfältigt sich teilend zur Vier, zu zwei Gegensatzpaaren, zum Kreuz – zur Geburt. Wenn die Vier geht, die Gegensätze erneut überwunden sind, endet der Rückweg wieder in der Mitte – im Tod. Diese »Tod«-Mitte des Keltenkreuzes, übertragen auf Zahlensymbolik, ist die Fünf – sie ist neue Geburt, Wiedergeburt.

Aber bevor es soweit ist, bevor das Leben in der Ordnung der Vier vergeht und sich in die stille Mitte der Fünf zurückzieht, erinnert uns die Zahlensymbolik der Iona-Keltenkreuze daran, daß das Leben wiederholt werden muß, falls in dieser unserer Welt noch nicht alle Lektionen gelernt wurden: Vier mal wird der dicke Reliefbuckel auf den vier Richtungen der beiden Kreuzesbalken betont, und vier mal erscheint die Vier gar in einer Viergruppe. So oft also soll das Leben unter Umständen neu gelebt werden müssen?

Die Kelten haben an Reinkarnation geglaubt; aber auch, als sie Christen geworden waren, sahen sie keinen Grund, von dieser Überzeugung abzulassen – hat doch selbst das römische Christentum diese Glaubensüberzeugung erst auf einem der späteren Konzile aus dem Kodex herausgenommen.

Fünf – »Der Tod ist das Tor zum Leben«

Als junger Mensch habe ich diesen Satz oft als Gedenkspruch auf Grabsteinen katholischer Friedhöfe gelesen.

Nun bin ich hier auf Iona, sinne unterm Keltenkreuz über die mutmaßliche Bedeutung von Formen- und Zahlensymbolik nach – und da steigt dieser Gedenkspruch in meiner Erinnerung auf: »Der Tod ist das Tor zum Leben.« Ende ist demnach nichts anderes als neuer Anfang? In der Tat: Die Keltenkreuze vor dem Eingang zur *Abbey* scheinen das in der Sprache von Form und Zahl verkünden zu wollen …

Mit der Eins, dem Punkt, nimmt alles seinen Anfang. Wenn die Eins sich teilt, wird die Zwei geboren. Wenn sie stirbt, kehrt sie zurück zur Ein-heit, zur Mitte, zum Kreis als erweitertem Punkt. Wenn die Drei sich erneut teilt, wird die Vier geboren – der Kreis ergänzt sich durch das Kreuz. Aber auch die Vier im Kreuz ist nur von begrenzter Dauer; das Ende ist erneut die stille unbewegte Mitte. Jetzt erkennen wir sie auf der nächst höheren Lebensebene in der Zahl Fünf.

Wenn in der Vier Lebensvoraussetzungen geschaffen werden, dann macht erst die Fünf *lebensfähig*. Die Konstitution des Menschen macht das deutlich: Der Mensch nimmt die Lebensgegebenheiten über *fünf* Sinne wahr; *fünf* Finger und *fünf* Zehen ermöglichen Greifen und unbehindertes Gehen.

Und wenn der Mensch mit gespreizten Beinen und seitlich ausgestreckten Armen aufrecht steht und die Endpunkte von Kopf, Armen und Beinen miteinander verbunden werden, ist die geometrische Figur des gleichseitigen *Fünfecks* gezeichnet.

In der Tat: Die Fünf ist ein Lebenssymbol. Aber Leben selbst ist nicht sichtbar, es ist einfach da. So wird auch die Fünf auf den Keltenkreuzen nicht als Zahlenwert sichtbar gemacht; dennoch ist sie da – als gebündelte Energie verhüllt sie sich im Kreis. Aus diesem Symbol ungeteilter Einheit und gebündelter Kraft heraus gebiert sie die nächste durch zwei teilbare Wertigkeit, nämlich die Sechs.

Es geht ein Regenschauer nieder; Minuten später ist er so schnell verschwunden wie er gekommen war. Aber ich brauche ohnehin eine kleine Denkpause, und so gehe ich erst einmal runter zum Pier. Es ist früher Nachmittag geworden, im Restaurant neben dem Fähranleger nehme ich einen Imbiß zu mir. Tagestouristen haben die meisten Tische besetzt. Ich setze mich zu ihnen; der Plausch mit einer deutschen Reisegruppe kommt mir sehr gelegen, denn nun können sich meine Gedanken für eine Weile von Zahlen und Formen zurückziehen.

Aber als dann die Fähre kommt und die Reisegäste sich einschiffen müssen, gehe ich wieder zurück zu den Kreuzen.

Vorher hatte ich überwiegend vor dem Johanneskreuz gestanden; nun, von der Straße kommend, begegne ich als erstes dem kompakten gedrungenen Martinskreuz. Ich halte an, und genau in diesem Augenblick tritt die Sonne hinter dem Wolkenvorhang hervor und läßt den naßgrauen Stein des Kreuzes hell aufleuchten. Sofort steht, im unteren Bereich des Schaftes erkennbar, die von gestern bereits vertraute Zahl Sechs, zusammengefügt aus zwei Herzen von jeweils drei Punkten, vor mir.

Sechs – Vollkommenheit in Zahl und Form.

Schon rein mathematisch ist die Sechs vollkommen; denn ob die Zahlen eins, zwei und drei addiert oder multipliziert werden: Immer ist das Ergebnis die Sechs.

Und wo erscheint die Sechs als geometrische Form? Als Bienenwabe zum Beispiel. Offensichtlich weiß die Biene instinktiv, daß die Sechs vollkommen und folglich das gleichseitige Sechseck in seiner Ausgewogenheit stabil und brauchbar ist.

Überall in der religiösen christlichen Literatur ist die Sechs anzutreffen: Von sechs Schöpfungstagen erzählt die Bibel, Jesus wird am sechsten Tag der Woche gekreuzigt, zur sechsten Stunde des Tages gibt er seinen Geist auf.

Martinskreuz

Das Hexagramm, die Sechs als geometrische Form, ist bei den Hindus ein vertrautes Mandala; in den beiden sich wechselseitig durchdringenden Dreiecken sieht der Hindu das sakrale Liebesspiel des Gottes Shiva und seiner Gemahlin Shakti verkörpert. Das Hohelied König Salomos, ein göttlicher Hymnus auf Liebe und Vermählung, hat ebenfalls das Hexagramm, im alten Testament als Siegel Salomos bekannt, zum Symbol. Als Emblem in der Nationalflagge des Staates Israel hat sich dieses Symbol als Davidsstern in unsere Zeit hinübergerettet. Und wenn Sri Aurobindo, der indische Yogi unserer Tage, das Hexagramm zu »seinem« Symbol erklärt, dann will er damit wohl zum Ausdruck bringen, daß Schöpfung und Schöpfer eins werden, sobald göttliche Gnade und menschliche Sehnsucht sich begegnen und durchdringen.

Kann nun die Darstellung der Sechs auf dem Martinskreuz auch als Hexagramm aufgefaßt werden? Ich schaue hin, wende mich ab, schaue wieder hin. Nein – im Hexagramm *durchdringen* sich die beiden Dreiecke, die Vermählung wird vollzogen. Auf dem Martinskreuz *begegnen* sich die beiden Dreiergruppen vorerst nur. Aber es begegnen sich nicht zwei kantige Dreiecke, sondern zwei liebende Herzen. Und die Stelle, wo sie sich berühren, wird hegend und behütend von einem Kreis umschlossen. Es kommt der Eindruck auf, als ob beide Herzen noch zögerten, sich noch prüfen, sich noch vervollkommnen wollen, bevor das unwiderrufliche JA gesprochen wird.

Aber ein Zurück steht nicht mehr an; der Kreis, der ihre Berührungspunkte umklammert, hält beide Herzen in ihrer Begegnungsposition fest. Es bedarf nur eines kleinen Impulses, und beide Herzen gehen

Unser Vater
im Himmel

Geheiligt werde
Dein Name

Dein Reich komme

**Dein Wille geschehe
wie im Himmel,
so auf Erden**

Unser täglich Brot
gib uns heute

Vergib uns
unsere Schuld
wie auch wir vergeben
unsern Schuldnern

Führe uns in der Versuchung,
und erlöse uns von dem Bösen

weiter aufeinander zu und verschmelzen im Kreis, so wie es bei den beiden Dreiecken im Hexagramm erkennbar ist – die Sechs geht in der Sieben auf.

»Wie im Himmel, so auf Erden« – so heißt es in *dem* Gebet der Christenheit, in unserem Vaterunser. »Wie im Himmel, so auf Erden« – hört sich diese suggestive Anrufung nicht so an, als ob zwei Gegensätze zum harmonischen Ausgleich der stillen Mitte herbeigebetet werden sollen? In der Tat: Die Bekräftigung »Wie im Himmel, so auf Erden« steht in unserem Vaterunser in der Mitte von zwei mal drei Anrufungen.

Auf dem Martinskreuz von Iona ist die verbindende Mitte von zwei Dreiecken der Kreis, die Ein-heit. Die Mitte im Vaterunser ist die zur Einung aufrufende Beschwörung »Wie im Himmel, so auf Erden«. Wenngleich durch unterschiedliche Ausdrucksformen, so wird doch sowohl im Piktogramm des vor mir stehenden Keltenkreuzes als auch in unserem Vaterunser-Gebet deutlich, daß die Vermählung von Himmel und Erde, von Geist und Materie, von Schöpfer und Schöpfung noch nicht vollzogen ist – sie wird erhofft, ersehnt, herbeigebetet. Noch aber leben wir in den Gegebenheiten der Sechs, unter den Bedingungen von Anstrengung und Mühe – die Sieben ist das Ziel.

Sieben – die heilige Zahl

> *Sechs Richtungen im Raum,*
> *in der Mitte der Tabernakel.*   Kabbala

Ich muß nicht lange suchen, um diese jüdisch-christliche Metapher auf den Reliefs der beiden Keltenkreuze, in Symbolsprache übersetzt, wiederzuerkennen; dem Martinskreuz ist es zwei mal, dem Johanneskreuz gleich drei mal in Stein verewigt, wie sechs kleine Kreise, bestehend aus zwei Dreiergruppen, den deutlich größeren Kreis (Tabernakel) in der Mitte umstehen.

In der Drei söhnen die Gegensätze der Zwei sich aus, Spannung wird aufgelöst, Neues gezeugt. Die Sechs als Verdoppelung der Drei wiederholt diesen Vorgang, allerdings auf einer höheren Ebene: Mit dem Ausgleich zwischen Geist und Materie wird das Heilige »gezeugt«. Heilig ist in der lateinischen Sprache *septos*. Wie ähnlich das doch klingt: *Septos* – sieben!

Tabernakel, heilig – beide Worte werden von vielen Menschen mit der Vorstellung von Mitte verknüpft, so wie es in den Piktogrammen auf den beiden Keltenkreuzen auch dargestellt ist.

Immer, wenn es in der Bibel ICH BIN heißt, folgt eine kraftvolle zentrale Aussage von großer Bedeutung. Daß dieses *ICH BIN* im Johannes-Evangelium ausgerechnet *siebenmal* vorkommt, wird bestimmt nicht zufällig so sein, ist doch die Bibel voll von Metaphern und Symbolen.

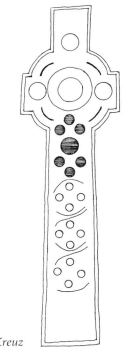

ICH BIN das Brot des Lebens.

ICH BIN das Licht der Welt.

ICH BIN die Türe zu den Schafen.

ICH BIN der gute Hirt.

ICH BIN die Auferstehung und das Leben.

ICH BIN der Weg, die Wahrheit und das Leben.

ICH BIN der wahre Weinstock.

Martins-Kreuz

Unter dem Titel *Cherubinischer Wandersmann* stellt Angelus Silesius im siebzehnten Jahrhundert in dichterischer Form das Wissen der ihm bekannten Mystiker vor. Seine Epigramme sind in *sechs* Büchern zusammengestellt. Wollte er mit dieser Struturierung verdeutlichen, daß menschliches Bemühen in der *Sechs* sein Ende findet, an dieser Schwelle Läuterung erreicht ist, Erfüllung nur in der Sphäre der heiligen *Sieben* zu finden ist?

Der Schlußvers im sechsten Buch deutet darauf hin, daß es so gemeint ist:

> *Freund, es ist (nun) auch genug.*
> *Im Fall du mehr willst lesen,*
> *so geh und werde selbst die Schrift*
> *und selbst das Wesen.*

Es ist nun genug des Übens durch betrachtende Wahrnehmung über die Sinne, so lehrt Angelus Silesius; wer in das *Wesen* der Dinge, in das Heiligtum, eintreten will, muß vorher selbst heilig geworden sein.

Angelus Silesius weist mit seinem Schlußvers den Weg zur Erfüllung in der heiligen *Sieben*, der Steinmetz von Iona macht die Sieben sichtbar, er stellt sie in die ruhende unbewegte Mitte, von der andererseits jegliche Bewegung ihren Ausgang nimmt.

Zu dem Wort *heilig* hält der Mensch scheue Distanz; denn er weiß, daß seine geistigen Kräfte in *dieser* Welt normalerweise unzureichend sind, das so erstrebenswerte Ziel der Heiligkeit zu erreichen. Ähnlich verhält es sich in der Zahlensymbolik mit der Sieben; als gleichmäßige geometrische Figur ist sie nicht zu verwirklichen, nicht mehr darstellbar. Wer es dennoch versucht, muß sich mit dem Sechseck begnügen und die Eins als siebtes Element in die Mitte dieser Figur hinzufügen – so wie es der Künstler auf den Keltenkreuzen hier vor mir getan hat.

Auf den beiden Keltenkreuzen ist die Sieben die letzte Zahl, die in einer bildhaften Figuration dargestellt ist. Alles darüber hinaus muß

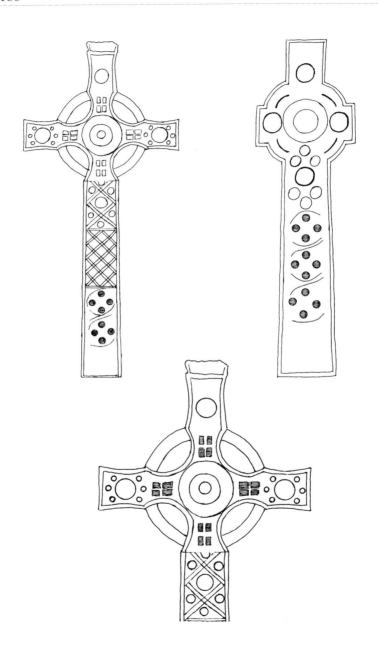

durch Addition oder Multiplikation erst zu einer Zahlenaussage zusammengefügt werden; so zum Beispiel die Acht durch zwei mal vier Kreise, die Zwölf durch drei mal vier Kreise und die Sechzehn durch vier mal vier Rechtecke.

Offensichtlich haben die keltischen Christen gewußt, daß die Sechs die Grenze des Übergangs vom realen Hier und Heute in die Tiefen des Heiligen, in die Gefilde der Sieben, markiert.

Immer, wenn die Sieben in Erscheinung tritt, erzählt uns diese Zahl etwas von Vollendung und gleichzeitigem Neubeginn: Die sieben Meere, die sieben freien Künste, die sieben Töne der Tonleiter, die sieben Wochentage.

Die Babylonier verehrten ihre sieben Planeten, sieben Stufen führten hinauf zum Tempel Salomos, der siebenarmige Leuchter ist noch heute in jeder Synagoge ein heiliges liturgisches Symbol, jeder Katholik kennt die sieben Sakramente, der fromme muslemische Pilger umrundet die Kaaba sieben Mal, die Hindus verehren ihre sieben heiligen Rishis, nach Überzeugung vieler östlicher aber auch westlicher Mediziner eröffnen die sieben Chakren den Heilungszugang zu körperlichen und seelischen Erkrankungen.Und wenn jemand etwas erledigt hat, das Wichtigste zusammenpackt und zu Neuem aufbricht, dann sagen wir gern: »Nimm deine sieben Sachen und geh.«[3]

Für mich hatte sich heute Bedeutendes ereignet: Ich hatte in Muße hinhören können auf das, was die beiden großen Keltenkreuze vor dem Eingang zur *Abbey* von Iona in Zahl und Form zu er-zählen wissen. Es war inzwischen Abend geworden. Ich packte also Notizblock, Bleistift und Kamera (meine sieben Sachen) zusammen und ging.
Nach dem *dinner* saß ich mit anderen Gästen zusammen im Tagesraum des *Columba Hotels*. »Die Kreuze müssen es Ihnen aber angetan

haben«, raunte ein alter Mann mir zu, während er die Tageszeitung zur Seite schob. »Ich muß gestehen, mir geht es jedesmal so, wenn ich für ein paar Tage hier auf Iona bin. Nach mehr als tausend Jahren stehen sie immer noch an ihrem Platz und bewachen die Gebeine der Könige.« Wie interessant, dachte ich, wie doch jeder von uns diesen beiden Keltenkreuzen eine andere Bedeutung beimißt.

Draußen über dem *Sound of Iona* hatte sich ein blasses Rosa auf dem Wasser ausgebreitet. Es träumte still vor sich hin, und es hatte ganz den Anschein, als wolle dieser zarte Traum aus Rosa sich bald in tiefen nachtblauen Schlaf verlieren. Aber so weit war es wohl doch noch nicht; denn als ich mich für einen Augenblick von dem Traum aus Rosa löste und über den Sund hinweg zur Isle of Mull rüberschaute, sah ich, wie dort drüben etwa zwanzig Meilen von mir entfernt, der Gipfel des *Ben More* in leuchtendem Purpur erstrahlte. Rosa und Purpur, Ton in Ton – eine kaum zu überbietende Farbenpracht. Welch festliche Abendstimmung zum Ausklang eines denkwürdigen und unvergeßlichen Tages ...

Als ich am nächsten Morgen auf der kleinen Fähre stand, die uns rüber nach Isle of Mull bringen sollte, mußte ich mir richtig Mühe geben, gedanklich zu ordnen, was ich in nur zwei Tagen auf Iona alles erlebt hatte, was mir alles begegnet war: Menschen, Kreuze, Symbole, Zahlen, Formen, Philosophien, Gedichte ...

Heute morgen war das Wasser im Sund bewegt, aber nicht beängstigend unruhig. Die Sonne stand blaß über den Bergen, und das Wasser sprühte grün-blau an den Riffen hoch. Ich dachte an meinen Ankunftsabend vor drei Tagen: War das furchterregend gewesen, dieses bedrückende schwefelige Gelb! Aber nun war alles wieder normal: Wolken und Wasser tänzelten miteinander, die Menschen auf der Fähre schwatzten unbekümmert in den jungen Morgen hinein, und die *Abbey*, die jetzt von der Sonne angestrahlt wurde, grüßte zum Abschied, als unsere Fähre drüben in Fionphort anlegte.

Minuten später fuhr unser Bus los. Iona, das kleine verträumte Eiland, die Insel der Heiligen, »dieser sanfte Ort, wo nur ein Stückchen Seidenpapier Himmel und Erde trennt« (George Mac-Leod), war bald nicht mehr zu sehen. Aber in Gedanken konnte ich Iona nicht so schnell den Rücken kehren.

»Ob es wirklich stimmt, daß Columba heimlich bei Nacht einen Psalter seines Lehrers kopiert hat und sich anschließend weigerte, die Kopie wieder herauszugeben? Und das soll dann zu einem offenen Streit, ja zu einer kriegerischen Auseinandersetzung mit vielen Toten geführt haben?« Ich hatte schon immer meine Zweifel zu dieser merkwürdigen Geschichte gehabt. Einige Sitze vor mir im Bus erkannte ich den Herrn aus dem *Columba Hotel* wieder: »Ob er über diese Geschichte mit der Copyrightverletzung etwas weiß?« Er machte ein etwas verstimmtes Gesicht: »Ich hab es immer so gelesen, wird wohl so sein.« Aber ich sah dem guten Mann an, daß meine Zweifel auch ihn verunsichert hatten. »Wie kann denn ein Delikt sein, was bei den keltischen Mönchen doch so gönnerhaft gefördert wurde, nämlich das Vervielfältigen heiliger Schriften!« Mein Reisegefährte mochte dem nichts entgegensetzen; ich hatte sogar den Eindruck, daß er nun meine Zweifel teilte: »Aber wer um Gottes Willen soll denn dann solch verleumderische Behauptungen ausgestreut und später sogar gedruckt haben?« Das war nun keine Frage mehr, sondern Empörung. Sollte ich das Thema jetzt vertiefen, von den verketzerten Pelagianern sprechen, auf die Machtbesessenheit und dogmatische Rechthaberei römischer Kirchenfürsten des frühen und späteren Mittelalters zu sprechen kommen? Ich tat es nicht. Aber gemeinsam stellten wir fest, daß aufrichtige Streiter wie Columba immer auch Gegner haben, die nicht mit offenem Visier kämpfen, sondern durch gezielte Desinformation verleumden und verunglimpfen. Und wenn solch böse Geschichten über Bücher verbreitet werden, dann sind selbst schlimmste Lügen irgendwann historische Tatsachen geworden. »So wie es heute auch noch ist«, fügte mein Reisegefährte hinzu, und beide fühlten wir uns wohl bei dem Gedanken, daß Columba ganz bestimmt eine »reine Weste« hat – mögen die Bücher sagen was sie wollen.

Ich ging auf meinen Platz zurück. Der Bus schaukelte und holperte, hielt hier und da an, ratterte wieder los. Ich fragte mich, wie wohl in früheren Zeiten Fürsten und Könige, die nach Iona pilgern wollten oder dort ihre letzte Ruhestätte verfügt hatten, gereist waren. Selbst *single track roads* gab es vor Jahrhunderten noch nicht, überall war nur wegloses Moor. »Man wird wohl die Meeresarme hochgerudert sein. Und Felix Mendelsohn-Bartholdy? Zu seiner Zeit gab es schon den bequemen Reisewagen.«

Als wir uns in Craignure für die Überfahrt nach Oban einschifften, winkte mein Reisegefährte aus dem Bus mir noch einmal zu: Wir waren Gesinnungsverschworene in Sachen Columba geworden.

Columba – »Christ ist mein Druide« soll er einmal gesagt haben. Bei dieser undogmatischen Gesinnung überrascht es nicht weiter, daß die frühen Kelten schon vor der Ankunft der Neuen Botschaft aus Palästina christlich gestimmt waren, und daß sie später, als sie Christen geworden waren, dennoch Kelten blieben. »Die keltische Kirche trachtete nicht so sehr danach, Christus zu den Menschen zu bringen, als vielmehr ihn bei ihnen zu entdecken, nicht ihn zu besitzen, sondern ihn in Freund und Fremden zu treffen; den Christus freizusetzen, der bereits in allen seinen Gaben da ist« – so beschreibt ein keltischer Christ unserer Tage das Wesensmerkmal keltischen Christentums.

Und Martin Reith, ebenfalls praktizierender keltischer Christ, drückt es poetisch aus: »Keltisches Christentum verglichen mit dem heutigen erstarrten Christentum ist wie farbenreiche Dichtung verglichen mit armseliger Prosa.«

In Oban war quirliges Treiben wie immer; aber nicht hektisch, wie wir es von unseren Großstädten kennen. Mein Zug nach Glasgow ging erst früh nachmittags. Vor einer Hafenpinte waren draußen am Pier noch Stühle frei; ich bestellte Tee, ließ mich von den dümpelnden Booten und Yachten verzaubern und sann nach.

Sann nach worüber? Über Iona.

0 Fiona Macleod, *Iona,* Mellinger Verlag
1 Khalil Gibran, *Der Prophet,* Walter Verlag
2 Lao Tse, *Tao Te King,* Diogenes
3 Die Betrachtungen zur Zahlen-Symbolik sind in abgewandelter Form teilweise folgenden Büchern entlehnt:
Franz Carl Endres/Annemarie Schimme, *Das Mysterium der Zahl,* Diederichs Gelbe Reihe
Heinrich E. Benedikt, *Die Kabbala als jüdisch-christlicher Einweihungsweg,* Bauer Verlag

Treffpunkt Keltenkreuz

Wissen können wir erwerben, es besitzen, nach Bedarf es abrufen. Weisheit läßt sich nicht an-eignen – sie ist da. Wissen hat Eigenschaften. Weisheit ist ein Zustand, ein Zustand der Stille. Von Zeit zu Zeit wird sie – mal hier, mal dort – in unsere Welt hineingeboren. Dann teilt sie sich denen als Gnade mit, die dafür reif geworden und befähigt sind, sie uns »normalen« Menschen verständlich zu machen. Oft werden diese Gnadenbezeugungen von Propheten und Sehern nur mündlich an Auserwählte weitergegeben, wie es die Schamanen und Medizinmänner getan haben. Andere Kulturen haben ihren Völkern die ewigen Weisheiten in Orakeln wie dem Tao Te King (die Lehre vom Weg), im I Ging (Buch der Wandlungen) oder mit der Kabbala (jüdisch-christlicher Einweihungsweg) überliefert. Und dann gibt es die Heiligen Bücher der Offenbarungsreligionen: Die indischen Veden, die Thora der Juden, die christliche Bibel und der Koran der islamischen Welt.

Die keltischen Christen haben die von ihren heidnischen Ahnen übernommenen Weisheiten in Symbolen erfaßt, diese in Stein gemeißelt und sie uns im Keltenkreuz hinterlassen.

Das vorliegende Buch *Unterm Keltenkreuz* hat uns auf Pilgerpfaden den Weg zu sieben Keltenkreuzstationen gewiesen. Jedes Keltenkreuz wußte uns aus dem unerschöpflichen Brunnen der Weisheit eine andere »Geschichte« zu erzählen. Einige dieser »Geschichten« können wir, teilweise in abgewandelter Fassung, auch an Keltenkreuz-Stationen zu hören bekommen, die in den sieben Kapiteln dieses Buches nicht aufgesucht wurden. Der Betrachter hat dann oft den Eindruck: »Irgendwo habe ich das doch schon gesehen, irgendwann schon einmal gehört!«

Wer sich unters Keltenkreuz stellt, steht an einem Treffpunkt. Und an Treffpunkten begegnet man meistens alten Bekannten, in unserem Fall bekannten »Geschichten«, erzählt in der Sprache der Symbole. Treffen dieser Art müssen nicht geplant sein; das Keltenkreuz ist am nordwestlichen Rand Europas überall »zu Haus« – wir werden erwartet.

Machen wir uns zum Schluß dieses Buches also noch einmal auf den Weg zum Keltenkreuz. Mal schauen, ob wir hier oder da »Geschichten« zu hören bekommen, die uns andernorts schon einmal erzählt worden sind ...

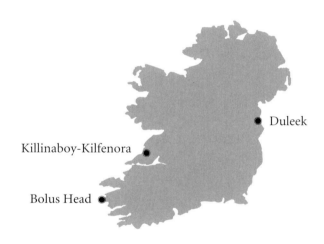

Nur wenige Meilen südlich von Newgrange liegt der kleine Ort Duleek. Es ist ein unauffälliger und weitgehend unbekannter Ort, gäbe es da nicht das *Duleek Cross* aus der frühen keltisch-christlichen Zeit.

Als ich dieses *Cross* suchte, hatte ich ein paar mal hin- und zurückfahren müssen; denn kaum, daß ich das Ortsschild *Duleek* bemerkt hatte, lag die kleine Straßenortschaft auch schon hinter mir. Aber dann bekam ich den richtigen Hinweis: »Auf dem Friedhof gleich hinter der Durchfahrtstraße, direkt neben der Kirche, dort finden Sie das *Duleek Cross*.«

Es war Nachmittag, als ich den Friedhof betrat. Die Westsonne stand mir gegenüber, so daß das Kreuz mir seinen Schatten entgegenwarf. Um Einzelheiten zu erkennen, mußte ich nähertreten. Über die ganze Kreuzesgestalt hinweg sind die schon so vertrauten Flechtmuster eingraviert – aber in der Mitte von Kreis und Kreuz tritt eine Aussage deutlich hervor: Die Sieben.

> *Sechs Richtungen im Raum,*
> *in der Mitte der Tabernakel.*   Kabbala

Unter welchem Keltenkreuz hatte ich diese Metapher schon einmal mit einem Symbol in Verbindung gebracht? Es war auf Iona, als ich mich dort beim Martins- und Johannes-Kreuz vor dem Eingang zur Abbey in die Sprache der Zahlen vertieft hatte. Hier in Duleek wird die Sieben von der Sechs allerdings nicht nur umstanden, wie das auf Iona der Fall ist; die heilige Zahl Sieben wird vielmehr in einem Reigen umtanzt, wie die spiraligen Verbindungslinien suggerieren.

Und bei dem Gedanken an »spiralige Verbindungslinien« werde ich an meinen Besuch in Ahenny und an die thematische Übereinstimmung mit Goethes Metamorphosenlehre erinnert:

> *... vom Samen bis zu der höchsten Entwicklung des Stengelblattes bemerkten wir zuerst eine Ausdehnung; darauf sahen wir durch eine Zusammenziehung den Kelch entstehen, die Blumenblätter durch eine Ausdehnung, die Geschlechtsteile abermals durch eine Zusammenziehung, und wir werden nun bald die*

*größte Ausdehnung in der Frucht und die größte Konzentration in dem Samen gewahr werden. In diesen **sechs Schritten** vollendet die Natur unaufhaltsam das ewige Werk der Fortpflanzung der Vegetabilien durch zwei Geschlechter.* Goethe – Metamorphosenlehre (73)

*Daß die Geschlechtsteile der Pflanzen durch die **Spiralgefäße** wie die übrigen Teile hervorgebracht werden, ist durch mikroskopische Beobachtungen außer allem Zweifel gesetzt ...*
Goethe – Metamorphosenlehre (60)

Ausdehnung, Zusammenziehung – dieser Rhythmus wird durch das Zusammenwirken von zwei Geschlechtern ausgelöst. Er wiederholt sich drei mal, benötigt dazu insgesamt sechs Schritte, um – so Goethe – zu vollenden. Aber wer oder was bewirkt Beginn und Vollendung? Goethe sagt: »(es wird) durch die Spiralgefäße ... hervorgebracht.« Was Goethe hier beschreibt, kann ich auf dem *Duleek Cross* exakt nachvollziehen: In der Mitte des Reliefgeschehens steht als siebter Kreis das Heiligtum; aus dieser unbewegten Mitte heraus werden die wachsenden und schrumpfenden Impulse in spiraligen Windungen freigesetzt.

Welch genialer Anschauungsunterricht in der Sprache der Symbolik!

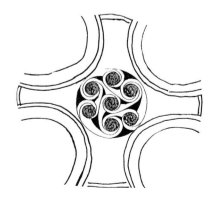

Ähnlich wie Goethe hat Novalis seine Vorstellungen über das Woher und das Wohin der Schöpfung in Worten eines wahren Sehers verkündet:

> *Vielleicht beginnt ein neues Reich,*
> *Der lockre Staub wird zum Gesträuch,*
> *Der Baum nimmt thierische Gebehrden,*
> *Das Thier soll gar zum Menschen werden.*

Auffällig ist weniger, daß Novalis hier ähnlich wie Goethe die stufenweise Aufwärtsentwicklung der Schöpfung beschreibt; verblüffend ist vielmehr, daß dieses Gedicht in Übereinstimmung mit dem Symbol der Sieben im Zentrum von Kreis und Kreuz insgesamt sieben Strophen hat. Die Übereinstimmung erstreckt sich sogar auf die Struktur: Der Steinmetz läßt die Sieben in der Mitte von sechs Kreisen umtanzen. Novalis läßt sechs Strophen seines Gedichtes jeweils mit dem erstaunten Ausruf enden

> *Ich wußte nicht, wie mir geschah,*
> *und wie das wurde, was ich sah.*

Trotz sechsfacher Bemühung (sechs Strophen) *wußte* Novalis nicht, wie ihm geschah. Erst in der siebenten Strophe, wo ihm aufgeht

> *… die Menschen sollten Götter werden*

da verkündet er ganz befreit

> *Nun **wußt'** ich wohl, wie mir geschah,*
> *und wie das wurde, was ich sah.*

Die Sieben auf dem *Duleek Cross*, Goethes Metamorphosenlehre, das Gedicht von Novalis … Wissen mag morgen überholt sein, Weisheit hat Bestand.

Ich schaue mir das Kreuz auf seiner Westseite an: Keine Ornamente, keine Symbole – alle Flächen sind mit Bilderszenen überzogen. In der Mitte von Kreis und Kreuz steht Christus. Er hängt nicht am Kreuz, er steht – wie fast immer auf Keltenkreuzen.

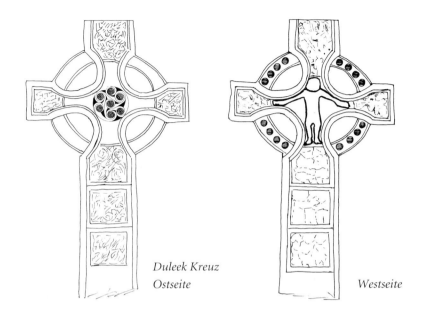

Duleek Kreuz
Ostseite   *Westseite*

Ich trete ein paar Schritte zurück, um das Kreuz als Gesamteindruck besser wahrnehmen zu können. Und da bemerke ich, daß auf der Linienführung des Kreises in jedem der vier Segmente jeweils vier runde Buckel hervortreten. Unmißverständlich wird hier also die Zahl Sechzehn vor den Betrachter hingestellt.

Die keltischen Heiler kannten sechzehn Heilkräuter, je vier waren einem der vier Elemente (Feuer, Luft, Wasser, Erde) zugeordnet. Vielleicht haben Druiden unter dem *Duleek Cross* stehend ihren Novizen Unterricht im Fach »Heilen durch Kräuter erteilt ... ?

Bedeutung mag dann auch der Sechzehn auf dem Martinskreuz von Iona zukommen – aber welche?

Die Kabbala, aber auch C.G. Jung, versteht die Sechzehn als Symbol der Ganzheit. Zu diesem vollkommen Ganzen mögen viele von uns noch unterwegs, andere mögen schon angekommen sein. Auf Iona tritt uns die Sechzehn aus dem *Kreuz* heraus entgegen, in Duleek ist sie dem *Kreis* eingemeißelt. Ob Iona, um in der Sprache der Symbolik zu bleiben, demnach »noch unterwegs«, Duleek hingegen »schon angekommen« meint?

Ahenny, Duleek, Iona – diese heiligen Stätten liegen geographisch weit voneinander entfernt. Und doch haben sie eines gemeinsam: Weisheit. Eine Weisheit, die von den Wirren der Zeit nicht getrübt werden konnte.

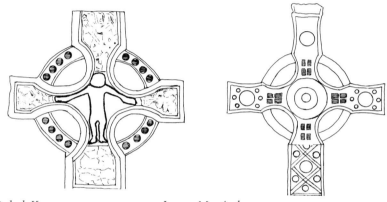

Duleek Kreuz
Detail der Sechzehn

Iona – Martinskreuz
Detail der Sechzehn

Immer wenn ich in Irland unterwegs bin und von Connemara nach Kerry runter oder von Kerry nach Connemara rauf zu fahren habe, stehe ich vor der Wahl: Hauptroute Killarney – Limerick – Galway oder Nebenstrecke Tralee – Shannon-Fähre -Atlantikroute – Galway? Fast jedesmal entscheide ich mich für die Nebenstrecke. Sie ist schöner. Und gar nicht mal zeitraubender – es sei denn, man läßt sich dazu verleiten, öfter anzuhalten. Und dazu ist wegen der atemberaubenden Ausblicke auf den Atlantik und wegen der vielen kulturhistorischen Stätten im *Burran* nur all zu oft Veranlassung.

Ich hatte mich wieder einmal für die Nebenstrecke entschieden, weil ich wiederholt von dem legendären Tau-Kreuz in *Killinaboy* gehört hatte, es aber nun endlich auch einmal besichtigen wollte.

Als ich im Burran ankam, war es früher Abend im November, es dunkelte schon, für das Tau-Kreuz war es zu spät geworden. In Lahinch direkt am Atlantik buchte ich mein Nachtquartier. Um diese Jahreszeit war der Ort wie ausgestorben, auf der Promenade war außer peitschendem Sturm nichts und niemand anzutreffen. Selbst im *Corner Stone,* in der Eckkneipe, war es still. Nur der Inhaber und ein Mann an der Bar sagten ein kaum hörbares »hello«, als ich eintrat. Ich bestellte ein »pint of Guiness« und zog mich in eine Ecke zurück. Nun waren wir immerhin schon zwei Gäste. Ich wartete darauf, daß der Alte an der Bar ein Gespräch anfing, so wie ich das von den *pubs* in Irland kannte – aber nichts dergleichen geschah. Doch dann fing der Mann leise an zu singen, es war kaum zu vernehmen, er schien für sich selbst zu singen. Das ging eine Weile so, dann war es wieder still in dem *pub* – novemberstill. Mir war nach den vielen Stunden im Auto an einem *small talk* gelegen; aber was tun? Ich tat es dem Alten gleich und sang ein deutsches Volkslied vor mich hin: »Wenn ich ein Vöglein wär …«. Es half – der Mann an der Bar drehte sich zu mir um und hörte zu, wir waren ins »Gespräch« gekommen. Als ich alle Strophen abgesungen hatte, zwinkerte mein »Gesprächspartner« mir zu, holte ohne ein Wort zu sagen eine *tin whistle* aus seiner Jackentasche und spielte eine wunderschöne irische Weise. »Well done« (gut gemacht), murmelte ich zu dem Musikanten hinüber, als er die whistle neben sich hinlegte. »Ob unsere musikalische Zwiesprache schon zu Ende ist?« Sie war es nicht; denn nun besann sich der Mann, der immer noch kein Wort gesprochen hatte, wieder auf sein erstes Instrument – auf seine Stimme. Dieses Mal sang er lauter, nun hatte er in mir ja einen Zuhörer. Als sein Lied zu Ende war und er mich herausfordernd anschaute, wußte ich, daß ich wieder an der Reihe war: »Am Brunnen vor dem Tore dort steht ein Lindenbaum«. Ein Lied löste das andere ab: Irisch-deutsch, deutsch-irisch. Keiner von uns beiden fragte nach der Bedeutung der Worte, wir sangen und hörten zu.

Der Wirt brachte mir ein zweites *pint.* Als ich zahlen wollte, winkte er ab – ich war eingeladen. Dann bemerkte ich, wie er einige Male hintereinander telefonierte. Als kurz darauf immer mehr Gäste hereinkamen, war die Erklärung für seine Telefonate gefunden: »Hier ist was los – *music live*« mußte der Gastwirt seinen Stammkunden wohl mitgeteilt haben. Und tatsächlich: Eine halbe Stunde später war wirklich was los, die Kneipe war voll. Ich hatte mir inzwischen einen Hocker an der Bar zurechtgerückt, direkt neben meinem »Kollegen«, wir waren jetzt ein richtiges Duo, nur daß wir nicht zusammen, sondern nacheinander sangen: Irisch-deutsch, deutsch-irisch. Später wurde Mary, eine junge Frau, dazugerufen – jetzt waren wir ein Trio. Hatte diese Frau eine Stimme! So typisch irisch: Etwas nasal, kehlig, tragend, klangvoll.

Es war spät geworden, als unser Konzertabend zu Ende ging. Der Sturm hatte sich etwas gelegt. Es war dunkel draußen. Das Meer war kaum zu sehen, aber hören konnte ich es. Sein melodisches Rauschen und unsere eben erst gesungenen Weisen vermischten sich zu einem Lied, das nur mit Noten der Erinnerung festgehalten werden kann:

> *Fremde Straßen bin ich auf und ab gegangen,*
> *von stillen Träumen fest umfangen.*
> *Auf einmal ist ein Lied erklungen –*
> *ich schau mich um, wer's wohl gesungen …*
> *Kein Sänger war's, kein Instrument,*
> *das sich zu diesem Lied bekennt.*
> *Was mag's nur sein, das mich entzückt?*
> *Der eignen Seele Lied ist es,*
> *das süß betört, so still beglückt.*

Das Tau-Kreuz von Killinaboy sei in der Dorfkirche von Corofin zu besichtigen, hatten mir Schulkinder unterwegs gesagt. Die Kirche ist klein; als ich eintrete, habe ich mehr den Eindruck, in einer Galerie zu sein. Das Tau-Kreuz ist sofort auszumachen. Ein merkwürdiges Kreuz ist es – kein Keltenkreuz jedenfalls, es fehlen Kreis und Kreuz. Wenn schon nicht in seiner Gestalt, vielleicht kann dann über die innere

Aussage dieses eigenwilligen Monumentes eine Verbindung zur Symbolsprache des Keltenkreuzes hergestellt werden? Ich versuche, unvoreingenommen hinzuschauen: Da ist der Stamm eines Baumes, der sich in zwei Äste aufteilt; einer zweigt nach links, der andere nach rechts ab. Ich erinnere mich an Gottesdienstbesuche: Eine ähnliche »Figur« macht der Priester, wenn er vor dem Altar stehend seine Arme zum Gebet erhebt. Und mir kommt die Schöpfungsgeschichte der Bibel in den Sinn:

> *Und Gott der Herr gebot dem Menschen und sprach: Von allen Bäumen im Garten darfst du essen; nur von dem Baume der Erkenntnis des Guten und des Bösen, von dem darfst du nicht essen; denn sobald du davon issest, mußt du sterben.* 1. Mose 2.16,17

Soll das Tau-Kreuz von Killinaboy den Sündenfall des ersten Menschen, die Vertreibung aus dem Paradies, darstellen? So könnte es sein. Aber wo die Bibel den Fortgang aus der Ein-heit in Zwist und Zwei-fel der Zweiheit mit »sterben« bedroht, da spricht das Tau-Kreuz von Killinaboy von Versöhnung, von der Möglichkeit, zur Stille der Einheit, zur Unschuld des Paradieses, zurückzukehren:

An den Enden beider Äste des Stammes ist jeweils ein menschliches Gesicht eingemeißelt; aber die Gesichter ignorieren sich nicht, im Gegenteil wenden sie sich einander zu. Die Stammesäste sind leicht nach oben angewinkelt, so daß beide Gesichter sich sogar fast schon erkennen können. Mein Tau-Kreuz erzählt mithin nicht die Geschichte von der Dualität ewiger Trennung, vielmehr von einer Polarität, deren gegensätzliche Aspekte sich wechselseitig bedingen und somit wesenhaft zusammengehören. Und als solle diese Philosophie noch einmal bekräftigt werden, sind dem Monument dort, wo der Stamm sich in zwei Äste aufspaltet, wo die Eins die Zwei gebiert, deutlich erkennbar drei Rippen eingraviert. Sollen die beiden Äste sich eines Tages also wieder völlig aufrichten, sich in der Drei wiederfinden, um dann im Stamm der Trinität weiterzuwachsen?

> *Der, der das Gleichgewicht hält,*
> *jenseits des Wechsels von Liebe und Haß,*
> *jenseits von Gewinn und Verlust,*
> *von Ehre und Schmach,*
> *hält die höchste Stellung in der Welt.*[0]
>
> Tao Te King

Diesen Vers, so steigt es in meiner Erinnerung auf, hatte ich der Zahlen-Symbolik auf den Keltenkreuzen von Iona unterlegt. Hier in Corofin kann er dem so völlig anders gearteten Tau-Kreuz mit gleichem Fug und Recht zugeordnet werden.

Das T-Kreuz (Tau-Kreuz) entstammt dem alt-ägyptischen Kulturkreis; koptisch-christliche Mönche, deren Anwesenheit auf den Aran Inseln in alten Chroniken bezeugt ist, dürften dieses ägyptische Lebenssymbol nach Irland mitgebracht haben.

Das Tau-Kreuz von Killinaboy erzählt die Geschichte von der Drei. Aber war ich der Drei und ihrer religiös-philolosophischen Aussage nicht auch unterm Keltenkreuz begegnet? Als ich die kleine Kirche von Corofin verlasse, kann ich diese Frage nur mit JA beantworten.

Whithorn: Scheibe, Kreis, Kreuz.
Iona: Punkt, Linie, Kreis.
Killinaboy: Ein Stamm, zwei Äste, drei Rippen.

(Das Tau-Kreuz von Killinaboy ist heute im Clare Heritage Centre in Corofin ausgestellt)

Hier, wo ich in Killinaboy auf irischem Boden bin, mag Johannes Scotus Eriugena, irischer Mönch und leitender Gelehrter an der Palastschule Karls des Kahlen in Laon, mit seiner betont keltisch-kosmologischen Philosophie zu Wort kommen: »Wir sollten Gott und seine Geschöpfe nicht als zwei unterschiedliche Dinge (Dualität) betrachten, sondern als ein und dasselbe. Denn das Geschöpf ist in Gott, indem es von ihm lebt; und Gott schafft sich selbst in den Geschöpfen, indem er sich auf wundersame und unsagbare Weise offenbart.«[1]

Jahrhunderte später spricht Meister Eckhart diese Weisheit mit ähnlichen Worten aus: »Gott ist Eins und nicht zwei. Wer Gott schaut, der schaut nichts als Eins.«[2]

Beide Aussagen kommen sowohl in den Keltenkreuzen von Whithorn und Iona als auch in dem Tau-Kreuz von Killinaboy zum Ausdruck: Nicht Zwei-heit, sondern Ein-heit – nicht Dualität, sondern Trinität ... das ist das *Wesen* aller Schöpfung.

Nach Kilfenora ist es mit dem Auto kaum mehr als zehn Minuten. Schon öfter habe ich hier in den alten Klosterruinen die hohen Keltenkreuze besucht. Beim typischen Keltenkreuz legt sich der Kreis um das Kreuz herum, so als wolle der Kreis das Kreuz umhegen, der Geist die Materie behüten – so ist es auch bei den großen Keltenkreuzen in Kilfenora. Aber zu Haus hatte ich in einem Bildband über Irland ein Kreuz von Kilfenora abgebildet gesehen, wo umgekehrt das Kreuz den Kreis umschließt. Das will ich nun ich vor Ort bestätigt finden, deshalb bin ich hier.

Als ich das verfallene Klostergelände betreten, recken sich die beiden schlanken hohen Gestalten des *Westkreuzes* und des *Doorty-Kreuzes* vor mir hoch; mit den bildlichen Darstellungen des gekreuzigten

Christus auf dem einen und eines Bischofs auf dem anderen Kreuz sind mir beide Exponate seit Jahren vertraut.

Das Kreuz, das ich suche, finde ich wenige Schritte abseits vor der alten Mauer stehend. Es ist ein kleines Monument, mit seinem Kreuz schaut es eben nur über die niedrige Mauer hinweg in das offene Gelände des kargen steinigen Burran hinaus. Und tatsächlich: Auf diesem Monument umschließt das Kreuz den Kreis.

Newgrange steigt in meiner Erinnerung auf. Was dort zur Wintersonnenwende *geschieht*, ist hier auf diesem unscheinbaren und leicht zu übersehenden Kreuz in Stein festgehalten: Kreis im Kreuz.

Aber nicht nur das erinnert an Newgrange; aus dem Kreuz heraus streben zwei Spiralen den Schaft hinab: Die rechte rollt sich schrumpfend ein, die linke wachsend sich aus – auch das ist mir vom Schwellenstein In Newgrange vertraut.

Kreuz von Newgrange mit wandernder Sonne *Kreuz von Kilfenora mit Spiralen*

Newgrange wurde ungefähr 3500 v. Chr. errichtet, das Kreuz von Kilfenora im 9. Jh. n. Chr. Mehr als viertausend Jahre trennen beide Objekte zeitlich voneinander. In dieser Zeit haben Kulturen einander abgelöst, die ältesten haben sich im Dunkel der Zeit gar verloren. Und doch ist das Symbol von Kreis und Kreuz in seinem Wesenskern das gleiche geblieben: Es erzählt die Geschichte der Einheit von Geist und Materie, von Universum und Individuum, von Außen und Innen, von Licht und Schatten, von Tag und Nacht. Einheit — »Ich und der Vater sind eins«. Auf nahezu jeder Seite des Johannes-Evangeliums wird diese tröstliche Botschaft ausgesprochen: Ein-heit – »Ich und der Vater sind eins«.

Nicht suchen – finden.
Irland hat viele Gesichter; eines ist faszinierender als das andere, betörend schön sind sie alle. Besonders auffallend schön zeigt Irland sein Gesicht in Kerry – im »Königreich« Kerry. Hier waren wir gelandet, als wir vor vielen Jahren zum ersten Mal nach Irland gekommen waren. In Waterville, dort, wo das Land sich willig von den Wogen des Atlantiks betätscheln läßt, hatten wir Quartier gesucht und – nicht gefunden. Wie gut! Denn etwa zehn Meilen abseits des *Ring of Kerry*, wo das nächste Dorf hinter den Meeresklippen New York heißen könnte, ist Irland viel irischer. Hier hatten Bridget und Paddy noch Platz für uns. Unsere erste irische Unterkunft war das, damals, vor Jahren.

Hier hatte Irland uns in seine Arme genommen und nicht mehr losgelassen (damals wußten wir das noch nicht). Wie im Traum hatten wir alles empfunden: An kühlen Tagen die Wärmflaschen abends im Bett. Den heißen Tee, der auf uns wartete, obwohl wir ihn nicht bestellt hatten. Die freundlichen Grüße »nice day« von den Menschen, die des Weges kamen und uns *nicht* kannten. Oder dieses »soft day«, wenn der Tag nicht ganz so *nice* war und es grau und trübe vor sich hin nieselte. Das alles war damals neu für uns, etwas befremdend sogar, aber wohltuend. Wir blieben nur wenige Tage. Andere irische Regionen warteten darauf, von uns entdeckt zu werden.

Aber wir kamen wieder, Jahre später. Und wieder wohnten wir bei Bridget und Paddy. Dieses Mal waren wir ohne Auto. Das zwang zum Verweilen. Es genügten ein paar Schritte durch den Garten und eine Böschung hinab, und wir waren auf dem Strand. Da war alles, was ein Urlauberherz beglücken kann: Am Horizont die Gipfel der *Reeks*, zu unseren Füßen Dünen und Strand, in unseren Ohren das Rauschen des atlantischen Ozeans.

Tagelang hatte das Meer uns in seinen Bann geschlagen, Wind und Wogen hielten uns gefesselt. Doch was wir am Strand auch taten und trieben, immer hatten wir Zuschauer – die Berge. Und dann war es so weit: Wir machten ihnen unsere Aufwartung. Über Tage hinweg hatten wir schon beobachtet, wie sich in unserem Rücken häufig Seenebel über die Flanken des Berges gelegt hatte, als gäbe es dort etwas zu verbergen. Ein Geheimnis also? Das mußte gelüftet werden. Und als Bridget uns zurief, hinauf zu wandern zum *Bolus Head* und die Aussicht auf den offenen Atlantik zu genießen, da waren wir nicht mehr zu halten.

Vom Strand aus betrachtet war der Bolus Head zum Greifen nahe. Doch als wir auf dem Weg waren und uns immer mehr Autos überholten, wußten wir, daß es hinauf zum Bolus Head etwas mehr als ein Spaziergang war; es wurde eine handfeste Wanderung. Aber auch ein unvergeßliches Erlebnis. Wie klein plötzlich unser Strand geworden war, wenn wir zurückblickten! Die hohen Kerry-Berge mit dem eintausend Meter hohen *Cuontuohill* zeichneten sich ab wie eine hingezauberte Theaterkulisse aus Blau und Grün. Und was dort in Richtung Osten wie eine ausgelegte Perlenkette anmutete, das war Waterville.

Wo war nur der alte verfallene Friedhof, von dem Bridget erzählt hatte? Hier irgendwo auf der linken Seite des Weges, wo die Klippen steil zum Meer abfallen, da mußte es sein. Ob wir die Stelle verpaßt hatten? Überall nur Steine, Ginster, Farne, Heide. Weiter ging's die südliche Flanke des Bolus hinauf, der alte Friedhof war bald vergessen, zu beeindruckend waren die Ausblicke hinunter auf den Atlantik und hinüber auf die *Beara* Halbinsel, die etwa fünfundzwanzig Meilen in südlicher Richtung vor uns lag, jedoch so nahebei wirkte, als könne man hinüber schwimmen.

Bis zur Spitze des Bolus kamen wir für dieses Mal nicht, das Gelände wurde immer abenteuerlicher, und wir hatten keine Wanderkarte zur Hand. Also gingen wir zurück.

Nun hatten wir eine andere Perspektive, bessere Übersicht, alles lag jetzt unter uns. Und plötzlich – jetzt auf unserer rechten Seite – lag der alte verfallene Friedhof. Er war wirklich verfallen, als Friedhof kaum noch erkennbar, nirgendwo Grabsteine mit Inschriften. Es lagen und standen Steine herum, denen man allenfalls ansehen konnte, daß sie mit Absicht herangeschleppt worden waren. Ein Stein allerdings erregte unsere Aufmerksamkeit; es war ein schlanker Stein, aufrecht stand er dort am Rande des alten Friedhofs. Er schien keinen Bezug zu einem bestimmten Grab zu haben. Was aber mochte dieser Stein dann bedeuten? Wir fanden keine Erklärung. Aber es mußte eine geben, denn obgleich wir diesen Stein beim Aufstieg in keiner Weise bemerkt hatten, wollte er nun nicht mehr aus unserem Gesichtskreis verschwinden. Vorher, als wir auf dem höher gelegenen Weg gegangen waren, hatten wir über den Stein hinweg geschaut und nur für das weite blaue Meer ein Auge gehabt; nun hatten wir die kniehohe Steinmauer am Wegesrand überstiegen, waren hinabgegangen zu dem verfallenen Friedhof und hatten den geheimnisvollen Stein in Augenhöhe vor uns. Es war wirklich ein geheimnisvoller Stein. Aber er gab sein Geheimnis nicht preis, dieses Mal nicht.

Wir setzten uns auf die Klippen: Über uns Sonne, Wind und Wolken. Unter uns der weite blaue Atlantik. Was braucht der Mensch mehr!

Hoch überm Meer auf den Klippen sitzen,
zuschaun, wie tief unten die Wellen blitzen,
die Sonne wie einen Freund begrüßen,
den Tag mit holdem Nichtstun versüßen,
von wirrem Denken den Kopf ganz leer,
das Herz hinausschicken aufs grünblaue Meer.

Das ist ein Leben – so mag es bleiben.

Aus verblichenen Wetterfetzen
will der Wind sich Segel setzen.
Reich ihm mit Zuversicht Deine Hand
und geh mit ihm auf weite Reisen.
Mit nie gehörten neuen Weisen
komm dann zurück in dieses Land.
Wirst dann wieder auf diesen Klippen sitzen,
und die Wellen des Meeres
werden immer noch blitzen.

So geht das Leben –
auf immer mag es so bleiben.

Werner Antpöhler

Unser Stein auf dem verfallenen Friedhof spukte weiter in unseren Köpfen herum, irgend etwas hatte er zu sagen – aber was nur?

Irland war unser ständiges Reiseziel geworden. Fast überall waren wir schon hingekommen. Aber die golfstromverwöhnte Region der Grafschaft Kerry übte einen Reiz auf uns aus, dem wir uns nicht entziehen konnten. Also landeten wir immer wieder dort, wo wir dem irischen Zauber das erste Mal erlegen waren: Abseits vom viel befahrenen Ring of Kerry, hoch über Klippen und Meer.

Unser Quartier war mittlerweile ein komfortables Haus geworden, im Kamin züngelte sogar ein anheimelndes Torffeuerchen. Draußen hatte wie immer der Atlantik sein beruhigendes Blau und Grün vor uns ausgebreitet, sein altes ewig junges Lied tönte bis zu uns herauf.
    Einer von vielen Urlaubstagen versprach besonders irisch zu werden: Der Morgen lag noch dunstig über dem Meer, am Himmel veranstalteten Wind und Wolken eine regelrechte Hetzjagd, und unten an den Klippen hinter dem kleinen Fischerpier stiegen die Wogen des Atlantiks zu riesigen Fontänen hoch. Das war der richtige Tag für eine Wanderung rauf zum Bolus. Mal sehen, ob dort oben noch alles beim

Alten war. Vor allem aber wollten wir wieder einmal *unserem* Stein auf dem verfallenen Friedhof einen Besuch abstatten. Dieser Stein hatte sich mittlerweile einen festen Platz in unserem Bewußtsein gesichert.

Eines der restaurierten Cottages des alten verlassenen Dorfes *Kilreelig* mußte wohl bewohnt sein, eine dünne Rauchfahne kräuselte aus dem Dach hervor. Wir klopften an, ein fremder Mann öffnete, stand hilflos lächelnd auf der Schwelle, bat uns mit einer einladenden Kopfbewegung herein. Er war Italiener, sprach weder Englisch noch Deutsch, und wir konnten kein Italienisch. Was tun? Pantomime mußte her. Das reichte aus, um zu bekunden, daß wir von seinen Bildern angetan waren. Trotz Verständigungsprobleme wurde klar, daß der italienische Maler und seine Frau hier oben auf den Meeresklippen für einen Monat ein Stipendium für Wohnen und künstlerisches Schaffen bekommen hatten. Wenn uns sprachliche Verständigungsprobleme zu schaffen machten, so sah das draußen am Himmel nicht viel anders aus: Wind und Wolken schienen nicht mehr auseinanderhalten zu können, wer der Jäger und wer der Gejagte war.

Den alten Friedhof und *unseren* Stein ließen wir einstweilen unbeachtet, vielleicht würde es auf dem Rückweg etwas aufgehellt haben.

Aber an Mike konnten wir uns nicht vorbeistehlen. Unten in der Dorfkneipe hatten wir uns gelegentlich gesehen und über Gott und die Welt philosophiert. Nun hatte er uns erkannt, kam raus und winkte. »Was gibt's Neues, Mike?« Mike mußte überlegen; was soll's hier oben am Bolus schon Neues geben? Aber dann fielen ihm doch zwei Neuigkeiten ein: Vorige Woche war er in Cahersiveen gewesen, hatte sich die Haare schneiden lassen. Und er hatte schon jetzt seinen Torfvorrat für den Winter eingekauft, nur zwanzig Pfund hatte er zahlen müssen. Für einen Mann, der sein Leben zwischen Wolken und Wogen verbringt, sind das aktuelle Neuigkeiten. Ob Mike wohl wissen würde, welche Bedeutung unser Stein auf dem alten Friedhof hat? »Welcher Stein?« Er wußte es nicht.

Also mußten wir den Stein selbst befragen. Da mußte es doch eine Erklärung geben! Auf dem Rückweg stiegen wir wieder über die niedrige Steinmauer in das Friedhofsgelände hinab. Sofort nahm der Stein wieder meine ungeteilte Aufmerksamkeit in Anspruch. Wo ich auch hinschauen mochte: In Richtung Osten hinüber zu den *Reeks* oder in südliche Richtung zu der Beara Halbinsel – immer stand dominant in meinem Blickfeld dieser ungewöhnliche Stein. Das konnte ich mir doch nicht einbilden; wieso fesselte mich ausgerechnet *dieser* Stein und nicht einer der vielen anderen, die im Gelände zwischen Ginster, Farnen und Heide umherstanden? Keine Antwort, keine Erklärung – Steine sind nun einmal stumm. War es die Form des Steines, seine Materialbeschaffenheit, die Standposition im Verhältnis zum Umfeld? Am Stein selbst ließ sich nichts Ungewöhnliches entdecken.

Oder doch? Unter den vielen senkrecht und quer verlaufenden Rissen und Kerben, die von Moos und Flechten überwachsen waren, war bei wiederholtem Hinschauen ein Kreuz zu erkennen. Ein Kreuz! Soweit ich unterrichtet war, hatte hier oben nie eine Klostersiedlung gestanden; also hatte es hier auf dem entlegenen Fleckchen Erde auch keine geschulten Steinmetzen gegeben, wie das von den großen Klosterschulen Clonmacnois oder Monasterboice nachgewiesen werden kann. Wer also wird nicht nur diesen Stein hier aufgerichtet, sondern dann auch noch das Kreuzsymbol eingeritzt haben? Ein Amateur offensichtlich, ein Fischer oder Farmer vielleicht.

Es hatte aufgehellt. Plötzlich spürte ich Wärme im Rücken. Die Sonne hatte einige der schweren Wolken beiseite geschoben. Es war nur ein schmaler Lichtschaft, den die Sonne herabschickte, aber er reichte aus, um meinen Rücken zu wärmen. Und er reichte aus, ausgerechnet *unseren* Stein mit leuchtendem Licht zu überschütten. Und da – zwischen Flechten und Moos war außer dem Kreuz nun auch noch ein Kreis auszumachen:

Kreuz *und* Kreis – ein Keltenkreuz!

Wo über Brandungswogen
hart und grau die Klippen stehn,
wo goldgelb schon im März der Ginster blüht
und sommers warm die Heide glüht,
wo Wolken kommen, wo Winde gehn,
steht still und stumm ein grauer Stein.
Ist langvergessener Toten
altersgrauer Wächter er?
Will hoch über Klippen und Meer
der Stein dem Wanderer Mahner sein?

Du schaust ihn Dir an, gehst um ihn herum –
still ist die Heide, der Stein bleibt stumm.
Da plötzlich heller Sonnenschein,
und der Stein steht im Licht.
Auf seinem wetterzerfurchten Gesicht
wie ein Gebet,
das vom Himmel Segen erfleht,
ein Kreuz – weise umhegt von einem Kreis.

Das ist's, was der Stein mir zu sagen weiß:
Nur gebändigte Kraft verleiht wahre Macht.

Werner Antpöhler

Mit unserer Wanderung rauf zum Bolus Head hatten wir lediglich Bridgets Rat befolgen wollen, nicht nur den Strand zu genießen, sondern auch mal zu schauen, »was hinter den Bergen haust«. Das war alles – wir hatten nichts Konkretes gesucht. Aber hoch über den Klippen hatten wir zwischen Himmel und Meer Wichtiges gefunden: Kreis und Kreuz.

[0] Lao Tse, *Tao Te King*, Diogenes
[1] Ian Bradley, *Der keltische Weg*, Verlag Josef Knecht
[2] Hasso Schelp, *Meister Eckhart – Wo Gott keinen Namen hat*, Kösel

Liste der Fotos

Newgrange	17
Callanish	37
Whithorn	66
Drumcliff	89
Clonmacnois	109
Ahenny	132
Iona	154

Anzeige

Leserinnen und Leser, die nach der Lektüre dieses Buches Lust verspüren, sich auf den Pilgerpfad zum Keltenkreuz zu begeben, haben in uns den richtigen Ansprechpartner.

Unter verschiedenen Reiserouten sind drei ganz konkret am Buch *Unterm Keltenkreuz* ausgerichtet.

Unsere qualifizierten Reiseleiter(innen) gewährleisten, daß jeder der drei »Pilgerpfade« mit einer ausgewogenen Mischung aus Bildung und Abenteuer überrascht und somit zum unvergeßlichen Reiseerlebnis wird.

Interessiert, mehr zu erfahren?
Dann fordern Sie unsere Informationsbroschüre an.

If Irland Feriendienst GmbH
Papenhöhe 166
D-25335 Elmshorn
Telefon: 04121 / 50 209
Telefax: 04121 / 50 244

Werner Antpöhler

Unterm Keltenkreuz